Wilhelm Riedel

Die Auslegung des Hohenliedes in der judischen Gemeinde und der griechischen Kirche

Wilhelm Riedel

Die Auslegung des Hohenliedes in der judischen Gemeinde und der griechischen Kirche

ISBN/EAN: 9783743351455

Hergestellt in Europa, USA, Kanada, Australien, Japan

Cover: Foto ©Thomas Meinert / pixelio.de

Wilhelm Riedel

Die Auslegung des Hohenliedes in der judischen Gemeinde und der griechischen Kirche

Die Auslegung

des

Hohenliedes

in der

jüdischen Gemeinde und der griechischen Kirche.

Von

Lic. Wilhelm Riedel,
Privatdocent der Theologie in Kiel.

---—⊙⊕⊙———---

Leipzig.
A. Deichert'sche Verlagsbuchhandlung Nachf.
(Georg Böhme.)
1898.

Meinen lieben Eltern

in Dankbarkeit

gewidmet.

Inhalt.

	Seite.
Einleitung...	1
Der Targum	6
Übersetzung des Targums	9
Der Midrasch Schir rabba	41
Anhang: Die jüdische Exegese des Mittelalters	45
Hippolyt	47
Origenes	52
Gregor von Nyssa	66
Nilus Sinaita, Apolinarius, Cyrill von Alexandrien	74
Philo von Carpasia	76
Theodor von Mopsuestia	80
Theodoret	86
Maximus Confessor	95
Die Katenen	97
Die Handschriften der griechischen Übersetzung des HL	105
Rückblick	109
Exkurs zu S. 56: Über die alttestamentlichen Lieder, welche mit dem Hohenliede in Verbindung gebracht worden sind	116
Register	119

Nachträge.

p. 19. Nach dem Targum zu 2 15 stammte das Götzenbild des Micha, Jud. 17 f., schon aus der Zeit der Wüstenwanderung; dazu vergl. Midrasch Tanchuma (ed. Warschau 1879) fol. 122 b und M. Grünbaum, Neue Beiträge zur semitischen Sagenkunde, Leiden 1893, p. 99 f.

p. 24. Anm. 3. Zum Mirjambrunnen vergl. auch Zeitschrift des Deutschen Palästina-Vereins, VI 200.

p. 31. Anm. 7. Der Targum des Onkelos erklärt אברך, Gen. 41 43 mit אבא למלכא. Dabei ist offenbar an rex gedacht. Dann liegt aber auch die Vermutung nahe, dass die Deutung von רקא auf dem Gleichklange mit rex beruht.

p. 35. Die vom Targum erwähnten 10 Versuchungen des Abraham finden sich aufgezählt in den Pirqe R. Eliezer c. 26 ff.; cf. auch Grünbaum l. c. p. 99 f.

p. 78 f. und 105 ff. Im Aprilhefte der Revue biblique (VII 183 ff.) hat M. Euringer ebenfalls eine Zusammenstellung der verschiedenen Formen des Namens Sulamith in den Handschriften und Übersetzungen der Septuaginta gegeben. Aus derselben ist nachzutragen, dass die Lesart Ὀδολλαμῖτις sich auch in einer Rezension der armenischen und in der koptischen Übersetzung findet. Euringer nimmt sie daher für Hesychius in Anspruch und erklärt sie aus falscher Lesung des Hebräischen (עדליה = שלמית).

Einleitung.

Über der ältesten Geschichte des Hohenliedes schwebt Dunkel. Das übrige Alte Testament schweigt darüber. Zwar ist das geleugnet; man hat gemeint, dass Hosea davon angeregt sei; dass die Parabel des Jesaias, Kap. 5, auf HL 8 $_{11}$ hindeuten wolle; dass das Bild von der Gemeinde als Braut Jes. 62 $_5$, Jer. 2 $_2$ und vom Siegelringe an der Hand Jahves, Jer. 22 $_{24}$ und Hagg. 2 $_{23}$, aus ihm stamme, und dass besonders die Sprüche Salomonis an mehreren Stellen auf unsere Schrift anspielen (Prov. 5 $_{15}$ ff. auf HL 4 $_{12.\ 15}$, Prov. 1 $_{28}$ auf HL 5 $_6$, Prov. 31 $_{28}$ f. auf HL 6 $_9$). Aber gerade bei der Kritik des A. T. muss zwischen der Übereinstimmung in einzelnen Gedanken und litterarischer Abhängigkeit ein scharfer Unterschied gemacht werden; und bei den genannten Stellen liesse sich eine Umkehrung des Abhängigkeitsverhältnisses ebenso leicht vertreten.

Auch die Apokryphen und das N. T. nennen es nicht und spielen an keiner Stelle darauf an. Es ist mir wenigstens nicht wahrscheinlich, dass die Sap. 8 $_2$ geschilderte Liebe Salomos zur Weisheit, die er zur Braut zu nehmen gedachte, auf das Hohelied hindeute. Dasselbe gilt von Sir. 14 $_{23}$, 15 $_2$. Wo aber Jesus Sirach von Salomo direkt redet 47 $_{14}$ ff., schweigt er von unserem Buche. Auch Philo citiert es nicht, so wenig wie die anderen Festrollen; und im N. T. ist das Bild von der Gemeinde als reiner Jungfrau, die Christo vermählt wird, 2 Kor. 11 $_2$, Eph. 5 $_{32}$, Apoc. 21 $_2$, cf. Joh. 3 $_{29}$, Matth. 9 $_{15}$ aus der

Sprache der Propheten herzuleiten. Josephus übergeht in der Archäologie. VIII 2 5 unser Buch; und wenn es auch klar ist, dass er in der berühmten Stelle c. Apion. I 8 das Hohelied mitrechnet unter „die vier übrigen Bücher, die Hymnen auf Gott und Lebensregeln für die Menschen enthalten" (cf. König, Einleitung p. 444), so hat er es doch einer besonderen Charakteristik seines Inhalts nicht wert erachtet. Denn offenbar lässt sich das Hohelied weder in die erste noch in die zweite Klasse ohne Zwang einrechnen.

Aber gleichzeitig mit Josephus wird zum erstenmal dies Schweigen unterbrochen. Auf der Synode zu Jamnia, c. 90 p. Chr., wurde die Kanonizität und Inspiration (נאמר ברוח הקדש) des Hohenliedes wie des Predigers durch die Formel dekretiert: „Das Hohelied verunreinigt die Hände". M. Jad. 4 6 (cf. Delitzsch, Zeitschrift für Lutherische Theologie 1854 p. 280). Um nämlich die heiligen Bücher vor Profanation zu schützen, griffen die Pharisäer zu dem seltsamen Mittel, ihnen dieselbe Wirkung beizulegen, wie Gegenständen, deren Berührung man wegen ihrer Unreinheit zu meiden habe (Buhl, Kanon und Text des A. T. p. 5). Zwar machten die Sadduzäer sich darüber lustig; aber in dem Masse, wie die Pharisäer allmählich die herrschende Partei wurden, drang auch diese Anschauung durch, und die Lehre, dass eine Schrift die Hände verunreinige, wurde gleichbedeutend mit der Anerkennung ihrer Kanonizität. Die Thatsache nun, dass die Synode die Kanonizität des HL durch jene Formel ausdrücklich anerkannt hat, beweist, dass dieselbe angezweifelt oder bestritten wurde. Doch ist die Opposition gegen das HL auf der Synode selbst sehr schwach gewesen, weit schwächer als die gegen den Prediger. Der einzige, von dem sie erwähnt wird, ist R. Jose, oder nach b. Meg. 7ᵇ R. Meïr; und auch dieser bestreitet die Kanonizität nicht selber, wie er die des Predigers bestreitet, sondern spricht nur einen Zweifel daran aus, weil andere sie bestreiten. Dass sie aber thatsächlich bestritten gewesen ist, zeigt die Stelle im ersten Kapitel der Aboth des R. Nathan: „Anfangs erklärte man die Sprüche, das HL und den Prediger für גנוזים (cf. König p. 460), weil sie bildliche Ausdrücke enthielten. Dies dauerte, bis die

Männer der grossen Synagoge kamen und sie auslegten." Als die anstössige Stelle im HL wird 7 11—13 bezeichnet (cf. Geiger, Urschrift p. 398). Aber auf der Synode selbst war der Zweifel an der Kanonizität des HL so schwach, dass R. Akiba sogar bestreiten konnte, dass eine Opposition dagegen je existiert habe. „Gott behüte", sagt er M. Jadaim 3 5, „es hat niemand in Israel daran gezweifelt, dass das HL die Hände verunreinige. Die ganze Welt wiegt den Tag nicht auf, an dem Israel das HL empfing. Alle Hagiographen sind ein Heiliges, aber das HL ist das Allerheiligste. Haben sie überhaupt gestritten, so war es wegen des Predigers."

Wie wunderbar: bisher fanden wir das HL nirgends erwähnt; was natürlich über seine Existenz und Kanonizität nichts besagt, wohl aber über die Bedeutung, welche es unter den heiligen Schriften für das religiöse Bewusstsein hatte. Jetzt begegnet uns in dem Satze des R. Akiba die später so oft wiederholte Wertschätzung des HL als des „Allerheiligsten".

Dieses Wort beweist ebenso wie die oben citierte Stelle aus den Aboth des R. Nathan, dass damals das HL allegorisch ausgelegt worden ist. Die Aufnahme in den Kanon beweist das nicht. Denn es bleibt die Möglichkeit, wie Buhl p. 75 sagt, dass das Buch früher unter einer einfacheren Auffassung eine weite Verbreitung und Beliebtheit in der Gemeinde finden konnte. Eine solche einfachere Auffassung scheint mir noch M. Taanit 4 8 durchzuschimmern. Diese Mischna lautet:

R. Schimʻōn b. Gamlīēl sagt: Es gab kein so heiteres Fest in Israel, wie den 15. Ab und den Versöhnungstag. Denn an diesen Tagen gingen die Töchter Jerusalems in weissen Kleidern hinaus, die geliehen waren, um die nicht zu beschämen, die keine hatten — auch mussten alle Kleider untergetaucht sein; — also die Töchter Jerusalems gingen hinaus und tanzten in den Weinbergen. Und was sprachen sie? „Jüngling erhebe deine Augen und sieh zu, wen du dir erwählst. Schau nicht auf Schönheit, sondern auf die Familie. Anmut ist Trug und Schönheit eitel. Nur ein Weib, das Gott fürchtet, ist rühmenswert."[1]

---

[1] Prov. 31 30.

Es heisst auch: „Gebt ihr des eignen Fleisses Lohn; es werden in den Thoren ihre Werke sie preisen."[1] Ebenso heisst es: „Geht hinaus, ihr Töchter Zions und schaut den König Salomo in der Krone, mit der ihn seine Mutter krönte am Tage seiner Hochzeit und am Tage seiner Herzensfreude!"[2] — „Am Tage seiner Hochzeit", das ist die Gesetzgebung; „und am Tage der Freude seines Herzens", das ist die Erbauung des Heiligtums, welches bald, in unseren Tagen, wieder erbaut werden möge! Amen.

Wie man sieht, hat schon der Überlieferer oder Sammler das Citat aus dem HL allegorisch gedeutet; wenn man aber die beiden vorher citierten Bibelstellen vergleicht, kann man, scheint mir, nicht umhin, hier ursprünglich eine andere Verwendung des HL im Volksbrauche bezeugt zu finden, wobei die Gleichstellung mit den Proverbien zeigt, dass es schon eine kanonische Schrift ist. Also nicht, dass das HL einen Platz im Kanon erhielt, wohl aber, dass es diesen Platz später gegen Angriffe behauptete, weist auf die allegorische Deutung hin; wie anderseits gerade die Angriffe auf seine Kanonizität zeigen, dass die allegorische Erklärung keine allgemein anerkannte war.

Wie R. Akiba's Richtung später das Judentum massgebend bestimmte, so wurde auch die von ihm ausgesprochene Auffassung des HL die allgemein herrschende. Zuerst begegnet sie uns im vierten Esrabuche (Wildeboer, die Litteratur des A. T. 1895 p. 426), wo das heilige Volk V 24 als die eine Lilie unter allen Blumen, V 26 aber die eine Taube unter allen Vögeln, VII 26 als die erscheinende Braut bezeichnet, also die Braut des HL auf die Gemeinde gedeutet wird. Nach Berach. 57ᵇ hat das HL mit dem Psalter den Charakter der חסידות, d. h. der innigen Herzensfrömmigkeit gemein. Wie die silbernen Einlagen in den goldenen Ketten der Braut, 1 10, ist das HL unter den Kethūbim, als eine versiegelte und ausgezeichnete Rede. Jede andere Auffassung suchte man strenge zu unterdrücken. R. Akiba spricht nach

---

[1]) Prov. 31 31. [2]) Cant. 3 11.

Thos. Sanh. c. 12 Ende dem die ewige Seligkeit ab, der das HL bei einem Gelage nach Art eines profanen Gesanges vorträgt. Ähnlich heisst es b. Sanh. 111ᵃ: „Die Rabbinen lehrten, der bringe der Welt Unheil, welcher nur einen Vers unzeitgemäss bei Gelagen vorträgt," und Kalla Anf.: „Jeder bringt die Sündflut, welcher nur einen Vers nach Art weltlichen Gesanges citiert". Es ist bekannt, dass nach Origenes (Lommatzsch XIV 289, cf. S. 57) den Juden verboten war, das HL ebenso wie die Schöpfungsgeschichte und Anfang und Ende des Ezechiel vor dem dreissigsten Jahre zu lesen. Dieses Verbot findet sich nicht ausdrücklich im Talmud; wohl aber sagt die jerusalemische Gemara zu M. Aboda Zara 2₅ (29ᵇ) in Anknüpfung an HL 1₂ und 4₁₀: „So lange deine Schüler klein sind, sollst du ihnen die Worte der Thora nicht erklären; sind sie herangewachsen und Schüler der Weisen geworden, dann magst du ihnen die Geheimnisse der Thora bekannt geben;" und ferner „man dürfe sich in die Worte der Lehre nur in Gegenwart Untadeliger versenken". Gerade die Anknüpfung dieser Mahnungen an Stellen des HL beweist, dass eine solche Sitte, wie sie Origenes andeutet, bestanden hat.

Ein Bild von der im späteren Judentum gebräuchlichen Deutung des Hohenliedes geben der Targum und der Midrasch Rabba zu dem Buche. Das in den älteren Midraschen, Sifra, Sifre und Mechilta, und in den Talmuden vorliegende Material findet sich bei Salfeld (Das Hohelied bei den jüdischen Erklärern des Mittelalters, Magazin für die Wissenschaft des Judentums, Bd. V. 1878, Separatabdruck 1879 p. 5 ff.) besprochen. Diese Auslegungen von einzelnen Stellen stimmen in ihrem Charakter mit dem Targum genau überein.

Der Targum.

Die jüdische Tradition schreibt den ganzen Targum zu den Hagiographen dem R. Jose oder Joseph dem Blinden, Vorsteher der Akademie zu Pumbeditha, † ca. 325, zu; da aber diese Angabe aus einer sehr unbestimmten Nachricht des babylonischen Talmud geschöpft ist und da ferner der Targum zu den Hagiographen keineswegs einem Verfasser angehört, so ist das Alter des Targums zum HL aus diesem selbst zu bestimmen. Zuvor sind aber noch zwei andere Fragen zu beantworten: 1. Seit wann hat das HL im jüdischen Kanon seine jetzige Stelle erhalten? und 2. seit wann ist es im Gottesdienste der Synagoge gebraucht?

In unserem Kanon bildet das HL mit Ruth, Threni, Ecclesiastes und Esther die Gruppe der Festrollen, und zwar in der Aufeinanderfolge der Feste, an denen sie verlesen wurden, Passah, Pfingsten, Zerstörung Jerusalems, Laubhüttenfest und Purim cf. den Traktat Sopherim cap. 14 b. 18. Diese Gruppe steht in der Mitte der Hagiographen nach Psalm, Prov., Job und vor Daniel, Ezra, Chronica. Diese Ordnung findet sich aber nur in deutschen Handschriften und ist nicht die ursprüngliche. Hieronymus gibt im Prol. gal. als Reihenfolge der heiligen Schriften bei den Juden an: Sprüche, Prediger, Hoheslied, Daniel, Chronik, Esra, Esther. Die babylonischen Juden ordneten nach b. Baba bathra 14: Ruth, Ps., Hiob, Prov., Pred., HL, Threni, Dan., Esther, Esra und Chr. Als palästinensische Ordnung gibt das masoretische Werk Ochla we Ochla Nr. 111.

112, 127 an: Chr., Ps., Hiob, Prov., Ruth, HL, Pred., Threni, Esther, Daniel, Esra. In dieser Ordnung, die auch bei den Masoreten herrschend wurde, stehen die Megilloth schon zusammen, aber noch nicht nach dem Jahrescyklus geordnet. Bemerkenswert ist auch, dass in der Mischna „Megilla" Titel des Buches Esther allein ist; dieses war „die Rolle" $\varkappa\alpha\tau$' $\dot{\varepsilon}\xi o\chi\acute{\eta}\nu$, und an dieses Buch hat die Sammlung der Festrollen später angeknüpft. Diese Sammlung fällt somit zwischen die Zeit der Abfassung der Mischna und die Zeit der Masoreten.
Ebenso alt muss dann auch die Verlesung des HL im Synagogalgottesdienste am 8. Pesachtage sein. Das ist auch sonst zu beweisen. Denn diese Sitte ist älter als die Sekte der Karäer, die sie mit übernommen haben; sie stammt also schon aus dem 8. Jahrhundert (Salfeld p. 134). Aber Theodor von Mopsuestia begründet seine Geringschätzung des HL auch damit, dass es weder bei den Juden noch bei den Christen je öffentlich verlesen worden sei (unde nec Judaeis nec nobis publica lectio unquam cantici canticorum facta est, Mansi coll. conc. IX. 227). Diese Angabe des Theodor ist so bestimmt, dass wir sie für seine Zeit und Heimat als richtig ansehen müssen; sie wird aber auch durch das oben citierte Wort des Origenes bestätigt. Es ergibt sich also, dass das HL erst nach der Mischna, Hieronymus und Theodor von Mopsuestia im Gottesdienste der Juden verlesen ist, und das ist dann auch der terminus a quo der Abfassung des Targums.
Damit stimmen die aus dem Targum selbst zu entnehmenden Indicien. Schon Buxtorf sagt in seiner Vorrede zum chaldäisch-syrischen Lexikon, dass der Targum zu den Megilloth frühestens 500 p. Chr. verfasst sei, weil er die 6 Ordnungen der Mischna und den Talmud erwähne (zu 1 2, cf. S. 10) und in einem unreinen Dialekte geschrieben sei. Dalman setzt (Grammatik p. 27) aus sprachlichen Gründen den Targum zum HL wie alle Targume zu den Hagiographen in dieselbe Zeit wie den jerusalemischen Targum zum Pentateuch, d. h. frühestens in das achte Jahrhundert. Auf dieselbe Zeit würde es führen, wenn mit Salfeld unter den „Ismaeliten" 6 s [neben den Griechen und Esau-Rom] die Mohammedaner zu verstehen wären. Dem

widerspricht aber der ganze Zusammenhang dieser Stelle; dazu stimmt auch nicht der sonst genau entsprechende Schluss von 1 7, wo an den Ismaeliten wie den Esauiden getadelt wird, dass sie Gott Genossen geben, was doch auch ein Jude von den Moslimen nicht sagen kann. Man wird unseren Targum also frühestens etwa in das sechste oder siebente Jahrhundert setzen dürfen; aber er ist älter als der in das achte Jahrhundert zu setzende Midrasch Rabba (cf. unten). Bestimmt erwähnt wird er zuerst im Aruch des R. Nathan († ca. 1100). Wenn so auch die schriftliche Fixierung des Targums ziemlich spät ist, so herrscht doch darüber Einstimmigkeit, dass die Stoffe desselben einer weit früheren Zeit angehören. Ein Vergleich mit den Talmuden und älteren Midraschen, wie auch der Schluss der oben S. 3 f. citierten Mischna, beweist das.

Der Ort der Abfassung ist Palästina. Er wird daher im Aruch s. v. פלטיא als תרגום ירושלמי citiert. Ebenso sagt Galatin, de arcanis III 28 p. 178, die gewöhnliche Rezension des Targum zum HL sei die jerusalemische; daneben gebe es aber auch ein jonathanisches, ebenso wie zu Ps. 72 und 110 (Zunz. Gottesdienstliche Vorträge ² p. 84 A.). Es hat also neben unserem, in den Polyglotten und bei de Lagarde gedruckten Targume noch andere gegeben, wie es zum Buche Esther mehrere gibt.

Übrigens hat niemals ein Targum zum HL, wie überhaupt nicht zu den Hagiographen, offizielle Geltung gehabt.

Da die lateinische Übersetzung der Polyglotten nicht allgemein zugänglich und auch nicht fehlerfrei ist, gebe ich im folgenden eine deutsche Übersetzung nach der Ausgabe de Lagardes, wobei ich zugleich auf die Parallelen in der altsynagogalen Theologie (nach Weber, erste Aufl.) hinweise. Manche Einzelheiten der Erklärung verdanke ich dabei Salfelds oben (S. 5) citierter Abhandlung.

Übersetzung des Targums.

I. 1. Lieder und Lobgesänge, welche der Prophet Salomo, der König Israels, im Geiste der Prophetie an den Herrn der ganzen Welt, den HErrn richtete. Zehn Lieder wurden in dieser Welt gesprochen, aber dieses Lied ist von ihnen allen am preiswertesten. Das erste Lied sprach Adam, als ihm seine Sünde vergeben wurde, und der Sabbat kam und ihn beschirmte; da öffnete er seinen Mund und sprach: „Ein Psalm, ein Lied auf den Sabbattag."[1] Das zweite Lied sprach Mose mit den Kindern Israels, als ihnen der Herr der Welt das Schilfmeer spaltete. Da öffneten sie alle ihren Mund[2] und sprachen zusammen das Lied. Denn so steht geschrieben: „Damals sangen Mose und die Kinder Israels ein Loblied."[3] Das dritte Lied sprachen die Kinder Israels, als ihnen der Wasserbrunnen gegeben wurde. Denn so steht geschrieben: „Damals sang Israel ein Loblied."[4] Das vierte Lied sprach der Prophet Mose, als die Zeit für ihn kam von der Welt zu scheiden, und schalt darin das Volk Israel. Denn so steht geschrieben: „Horchet, ihr Himmel, denn ich will reden!"[5] Das fünfte Lied sprach Josua, der Sohn Nuns, als er bei Gibeon kämpfte und Sonne und Mond ihm 36 Stunden stillstanden und im Sprechen ihres Liedes[6] stockten. Da öffnet er seinen Mund und sprach das Lied. Denn so steht geschrieben: „Da sang Josua dem HErrn ein Loblied."[7] Das sechste Lied sprachen Barak und Debora am Tage, da der HErr den Sisera und sein Heer in die Hand der Kinder Israels gab. Denn so steht geschrieben: „Und es sangen Debora und Barak, der Sohn Abinoams, ein Loblied."[8] Das siebente Lied sprach

---

[1] Ps. 92 T. [2] Nach מולהון ist פומהון ausgefallen cf. Antw. Polygl.
[3] Ex. 15 1. [4] Num. 21 17. [5] Deut. 32 1. [6] Cf. Ps. 19 2. [7] Jos. 10 12 nach dem Targum des Jonathan. [8] Jud. 5 1 nach Jonathan.

Hanna, als ihr vom HErrn ein Sohn gegeben wurde. Denn so steht geschrieben: „Und Hanna betete im Geiste der Prophetie und sprach." [1]) Das achte Lied sprach David, der König Israels, ob all der Wunder, die ihm der HErr gethan hatte. Er öffnete seinen Mund und sprach das Lied. Denn so steht geschrieben: „Und David sang im Geiste der Prophetie dem HErrn ein Loblied." [2]) Das neunte Lied richtete Salomo, der König Israels, in heiligem Geiste [3]) an den Herrn der ganzen Welt, den HErrn. Das zehnte Lied werden die Exulanten, wenn sie das Exil verlassen, singen. So ist es durch den Propheten Jesaia geschrieben und erklärt. Denn so steht geschrieben: „Dieses Lied wird euch zur Freude dienen, wie in der Nacht, wo das Passahfest heilig begangen wird; und Freude des Herzens wird herrschen, gleichwie bei den Leuten, die, um vor dem HErrn dreimal im Jahre zu erscheinen, unter Saitenspiel und Paukenschall hinaufziehen, um zum Berge des HErrn hinaufzugehen und dem HErrn, dem Starken Israels, zu dienen." [4])

2. Der Prophet Salomo sprach: Gepriesen sei der Name des HErrn, der uns durch Mose, den grossen Schriftgelehrten,[5]) das Gesetz auf zwei steinerne Tafeln geschrieben, und die sechs Ordnungen der Mischna und den Talmud mündlich gegeben hat. Und er sprach mit uns von Angesicht zu Angesicht, gleich wie jemand, der einen andern küsst, wegen der Grösse der Liebe, mit der er uns mehr als die 70 Nationen liebte.[6])

3. Vor der Kunde von deinen Wundern und Machtthaten, die du an dem Volke Israel thatest, bebten alle Völker, die das Gerücht von deinen gütigen Machtthaten und Zeichen hörten.[7]) Deinen heiligen Namen hörte man auf der ganzen Erde, er wurde bevorzugt vor dem Weiheöl, das zur Weihe auf das Haupt von Königen und Priestern ausgegossen wurde. Und deswegen wandelten die Gerechten gern dem Wege deiner Güte nach, damit sie diese und die künftige Welt [8]) besässen.

---

[1]) 1 Sam. 2,1 nach Jon.   [2]) 2 Sam. 22,1 nach Jon.   [3]) Cf. den Anfang des Targums. Die Inspiration wird auch im Midrasch zu 1,1 betont. [4]) Jes. 30,29.   [5]) Cf. Hamburger, Real-Encyklopädie, II 1133.   [6...] 50 + 10 + 10. Cf. Midrasch R..   [7]) מפני שמעך ist Deutung von שמעך טוב cf. כיסן?   [8]) העולם?

4. Als das Volk Israel aus Ägypten auszog, ging die Schechina des Herrn der Welt am Tage in der Wolkensäule und bei Nacht in der Feuersäule als Führer vor ihnen her. Die Gerechten jenes Geschlechtes sprachen: Herr der ganzen Welt, zieh uns dir nach, damit wir dem Pfade deiner Güte nachlaufen! Bringe uns an den Fuss des Berges Sinai und gib uns aus deinem Schatzhause,[1]) der Himmelsfeste, dein Gesetz, damit wir uns freuen und fröhlich seien über die 22 Zeichen,[2]) mit denen es geschrieben ist, und ihrer eingedenk seien, deine Gottheit lieben und uns fern halten von den Götzen der Völker.[3]) Und alle Gerechten, die was vor dir recht ist thun, werden dich fürchten und deine Gebote lieben.

5. Als die Israeliten das Kalb machten, wurden ihre Gesichter schwarz wie die Kuschiten, die in den Zelten Kedars wohnen; aber als sie sich reuig bekehrt hatten und ihnen vergeben war, wurde der Herrlichkeitsglanz ihrer Gesichter so gross wie der der Engel, weil sie die Teppiche für das Zelt (die Stiftshütte) machten und die Schechina des HErrn unter ihnen wohnte. Ihr Meister Mose aber stieg hinauf zur Himmelsfeste und stiftete Frieden [4]) zwischen ihnen und ihrem Könige.[4])

6. Die Gemeinde Israel sprach zu den Völkern: Verachtet mich nicht, weil ich schwärzer bin als ihr, da ich nach euern Werken handelte und Sonne und Mond anbetete. Denn Lügenpropheten bewirkten, dass der gewaltige Zorn des HErrn über mich kam. Sie lehrten mich euren Götzen zu dienen und nach euren Gesetzen zu wandeln; aber dem Herrn der Welt, der mein Gott [5]) ist, diente ich nicht, wandelte nicht nach seinem Gesetze und beobachtete seine Gebote und seine Lehre nicht.

7. Als für den Propheten Mose die Zeit kam, von der Welt zu scheiden, sprach er zu Gott: Es ist mir offenbart, dass dieses Volk sündigen und ins Exil ziehen wird. Nun aber zeige mir, wie sie Nahrung und Wohnung finden werden unter den Völkern, deren Beschlüsse peinlich sind wie die Hitze und wie die Strahlen der Mittagssonne um die Tammuz-

---

[1]) הדרין. [2]) בך = 20 + 2. [3]) מיין cf. zu v. 3. [4]) שלמה = König des Friedens. [5]) Lies mit Montanus אלהי (= כרטי שלי); Lag. אלהיא.

(Juni)-Sonnenwende, und bis wann sie zwischen den Herden der Söhne Esaus und Ismaels hin- und hergeworfen werden,[1]) die dir ihre Götzen zu Genossen zugesellen!

8. Der Heilige — er sei gepriesen — sprach zu dem Propheten Mose: Ich werde suchen, ihnen das Exil wegzutilgen. Die Gemeinde, die einem schönen Mädchen gleicht und von meiner Seele geliebt wird, wird auf den Wegen der Gerechten wandeln und das Gebet nach der Anordnung ihrer Hirten[2]) und der Leiter ihres Geschlechts vortragen und wird ihre Söhne, die Ziegenböckchen gleichen, lehren, zum Gemeindehause und Schulhause zu gehen. Deswegen werden sie im Exil ernährt werden, bis ich den König Messias sende; der wird sie sanft zu ihren Wohnungen führen, das heisst zu dem Heiligtume, welches ihnen David und Salomo, die Hirten Israels, bauen werden.

9. Als die Israeliten aus Ägypten auszogen, verfolgten Pharao und sein Heer sie mit Wagen und Reitern; und der Weg war ihnen von allen vier Seiten verschlossen: im Süden und Norden waren Wüsten voll Feuerschlangen;[3]) hinter ihnen war der böse Pharao und sein Heer, und vor ihnen war das Schilfmeer. Was that da der Heilige — er sei gepriesen —? Er offenbarte sich in der Kraft seiner Macht über das Meer und liess das Meer austrocknen. Aber den Schlamm liess er nicht austrocknen. Da sprachen die Bösen und Zusammengelaufenen[4]) und Fremden, die unter ihnen waren: Das Wasser des Meeres konnte er austrocknen, aber den Schlamm konnte er nicht austrocknen. Sofort wurde der Zorn des HErrn gegen sie gross, und er wollte sie im Wasser des Meeres ertränken, wie Pharao und seine Streitscharen, seine Wagen und seine Reiter und seine Rosse ertrunken waren, wenn nicht der Prophet Mose seine Hände im Gebete zum HErrn ausgebreitet und den Zorn des HErrn von ihnen abgewendet hätte. Er und die Gerechten jenes Geschlechtes öffneten ihren Mund

---

[1]) נטש cf. Jer. 43,12; also nicht gleich רעה! [2]) Cf. die Parallelen bei Weber, altsynagogale Theologie¹ p. 61. [3]) שרפים cf. Num. 21,6.7, Deut. 8,15. [4]) אספסף Ex. 12,38, Num. 11,4.

und sprachen das Lied, und so gingen sie trocken durch das Schilfmeer, um Abrahams, Isaaks und Jakobs, der Geliebten des HErrn willen.

10. Als sie zur Wüste kamen, sprach der HErr zu Mose: Wie passend ist dieses Volk, dass ihnen die Worte des Gesetzes[1]) gegeben werden, dass sie seien wie Zäume an ihren Kinnbacken, dass sie nicht abweichen von dem guten Wege, gleichwie ein Pferd, an dessen Kinnbacken ein Zaum ist, nicht abweicht; und wie passend ist ihr Nacken, das Joch meiner Gebote zu tragen, dass es auf ihnen liege wie ein Joch auf dem Nacken eines Stieres, der auf dem Felde pflügt[2]) und sich und seinen Herrn ernährt.

11. Da wurde zu Mose gesprochen: Steige hinauf zur Himmelsfeste, so will ich dir die beiden steinernen Tafeln geben, ausgehauen aus Sapphir vom Throne meiner Herrlichkeit,[3]) glänzend wie reines Gold, in Reihen geordnet, beschrieben mit meinem Finger, auf denen die 10 Worte eingegraben sind, mehr geläutert als Silber, das 7×7 mal geläutert ist;[4]) denn die Zahl der Formen, in denen sie erklärt werden, ist 49 Arten.[5]) Durch dich werde ich sie dem Volke Israel geben.

12. Aber während ihr Meister Mose noch in der Himmelsfeste war, um die beiden steinernen Tafeln und das Gesetz und die Gebote zu empfangen, standen die Bösen jenes Geschlechtes auf und machten zusammen mit den Zusammengelaufenen, die unter ihnen waren, ein goldenes Kalb. Ihre Werke wurden stinkend, und ein böses Gerücht ging über sie aus in die Welt, während vordem ein duftender Geruch von ihnen in die Welt ausgegangen war. Nachdem wurden sie stinkend wie Narde,[6]) deren Geruch ausnehmend schlecht ist; und eine Aussatzplage kam über ihr Fleisch.

---

[1]) Ausdeutung von הוֹרִים? [2]) חריש Anspielung auf חרוֹשים. [3]) Ex. 24 10. [4]) Ps. 68 31 צ כימא מן דקיקא אוריתא. [5]) Nach Sanh. 99 a. Aboth III 11. [6]) Lag. נידא (?). Walton: נֵרְדְּ „Wermut". L. mit Bomberg u. Antw. Polygl. נרדא. Die Narde riecht übel, Sabbath 88 b, Gittin 36 a. Delitzsch z. St. Diese Deutung wird im Midrasch R. p. 22 b als Überlieferung aus dem Exil bezeichnet. Cf. 23 b, R. Abuhu.

13. Damals sprach der HErr zu Mose: Geh hinab, denn dein Volk hat übel gehandelt! Lass ab von mir, dass ich sie vertilge! Da kehrte Mose um und bat den HErrn um Erbarmen. Und der HErr gedachte ihnen der Opferung Isaaks, den sein Vater auf dem Berge Morija auf den Altar band.[1]) So kehrte der HErr um von seinem Zorn und liess seine Schechina wie vorher unter ihnen wohnen.[2])

14. Siehe da ging Mose hinab mit den beiden steinernen Tafeln in seinen Händen; aber wegen der Sünde Israels waren seine Hände schwer, und sie fielen nieder und zerbrachen. Da ging Mose hin und zermalmte das Kalb und streute den Staub davon in den Fluss, liess die Kinder Israels trinken[3]) und tötete alle, die des Todes schuldig waren. Dann stieg er zum zweitenmal zur Himmelsfeste empor, betete zum HErrn und sühnte für die Kinder Israels. Da wurde ihm befohlen, das Zelt und die Lade zu machen. Damals machte Mose eiligst das Zelt und alle Geräte und die Lade und legte die beiden neuen Tafeln in die Lade. Die Söhne Aarons setzte er zu Priestern ein, um auf dem Altare das Opfer darzubringen und auf das Opfer Wein zu spenden. Woher hatten sie aber Wein zur Spende? Waren sie nicht in der Wüste, einem Orte, der zum Getreidebau nicht geeignet ist, geschweige denn für Feigen, Reben und Granaten? Nein, sie gingen nach den Weinbergen von Engeddi und holten von dort Weintrauben, kelterten aus ihnen Wein und spendeten ihn auf den Altar, ein Viertel Hin für jeden Widder.[4])

15. Als die Kinder Israels den Willen ihres Königs thaten, pries dieser sie in seinem Memra unter seiner Dienerschaft,[5]) den heiligen Engeln, und sprach: Wie schön sind deine Werke, meine geliebte Tochter, du Gemeinde Israel, wenn du meinen Willen thust und die Worte meines Gesetzes studierst! Wie recht sind deine Werke und Geschäfte,[6]) jungen Tauben gleich, die geeignet sind zum Opfer auf dem Altare!

---

[1]) צרור הפר.   [2]) בין שדי ילין.   [3]) Ex. 32 20.   [4]) Num. 15 5.   [5]) familia; cf. Chagiga 13 b und mehrere Stellen im Midrasch R. Weber 161, 170.
[6]) עיניי = עיני.

16. Die Gemeinde Israel antwortete dem Herrn der Welt und sprach also: Wie schön ist deine heilige Schechina, wenn du unter uns wohnst und in Wohlgefallen unsere Gebete annimmst, und wenn du die Liebe im Hochzeitsbaldachin ¹) (der Stiftshütte) wohnen lässest; wenn unsere Söhne zahlreich sind auf Erden und wir uns vermehren und zahlreich werden wie ein Baum, ²) der an eine Wasserquelle gepflanzt ist und dessen Blätter schön, dessen Früchte zahlreich sind!

17. Der Prophet Salomo sprach: Wie schön ist das Heiligtum des HErrn, das von mir aus Cedernholz gebaut ist. Aber viel schöner noch ist das Heiligtum, das in den Tagen des Königs Messias gebaut werden wird; dessen Balken werden von Cedern aus dem Garten Eden stammen, und seine Bohlen von Cypressen und Platanen und Pinien.

II. 1. Die Gemeinde Israel sprach: Zur Zeit, wo der Herr der Welt seine Schechina unter mir wohnen lässt, gleiche ich einer grünenden Narzisse aus dem Garten Eden, und sind meine Werke schön wie eine Rose ³) in der Ebene des Gärtleins in Eden. ⁴)

2. Wenn ich aber abweiche vom Wege, der vor ihm gerade ist, und er seine heilige Schechina von mir nimmt, da gleiche ich der Rose, die unter Dornen aufsprosst und deren Blätter gestochen und zerrissen werden: so werde auch ich im Exile in den Provinzen der Völker durch schlimme Verordnungen gestochen und zerrissen.

3. Wie ein Orangenbaum zwischen fruchtlosen Bäumen schön und gepriesen ist und alle Welt von ihm kündet, so war der Herr der Welt unter den Engeln gepriesen, als er sich auf dem Berge Sinai offenbarte, damals als er seinem Volke das Gesetz gab. Da sass ich gern im Schatten seiner Schechina, und die Worte seines Gesetzes waren süss für meinen Gaumen, und Lohn seiner Gebote bewahrte man mir für die künftige Welt.

---

¹) ערש cf. Buhl s. v.   ²) רענה Jer. 17₈.   ³) So wird שושנה auch 2₂, 6₂, 7₃ übersetzt.   ⁴) Nach Pes. 94ᵃ bildete der „Garten" nur den 60. Teil des Paradieses (Gen. 2₈ גן בעדן) cf. Weber 330ff. Levy s. v. גנוניתא.

4. Die Gemeinde Israel sprach: Der HErr führte mich hinauf zur Stätte der Lehrakademie¹) auf dem Sinai, damit ich aus dem Munde Mosis, des grossen Schriftgelehrten, das Gesetz lernte; und die Schlachtordnung¹) seiner Gebote nahm ich in Liebe auf mich und sprach: Alles was der HErr befohlen hat, werde ich gehorsam thun.²)

5. Als ich nun seine Stimme aus der Feuerflamme reden hörte, zitterte ich und bebte vor Angst zurück. Da nahte ich Mose und Aaron und sprach zu ihnen: Empfanget ihr die Stimme der Worte des HErrn aus des Feuers Mitte und führt mich (dann) hinauf zum Lehrhause, stützet mich durch die Worte des Gesetzes, auf welche die Welt fundamentiert ist,³) und legt auf meinen Hals als Hüllen⁴) die Deutung der heiligen Worte, die süss sind für meinen Gaumen wie die Äpfel des Gartens Eden. Ich werde sie studieren: vielleicht werde ich durch sie geheilt. Denn ich bin liebeskrank.

6. Als das Volk Israel in der Wüste wanderte, waren sie von Wolken der Glorie umgeben; und zwar waren vier in den vier Weltgegenden, damit nicht ein böses Auge über sie Macht gewönne; eine über ihnen, damit nicht Hitze und Sonne, noch Regen und Hagel über sie Macht gewönne; eine unter ihnen, welche sie trug, wie ein Erzieher das Kind am Busen trägt, und eine lief (vor ihnen) in einer Entfernung von drei Tagereisen her, um die Berge zu erniedrigen und die Ebenen zu erhöhen,⁵) tötete alle Feuerschlangen und Skorpione in der Wüste und kundschaftete ihnen einen geeigneten Platz zum Nachtlager aus, weil sie die Lehre des Gesetzes studierten, welches ihnen durch die Rechte des HErrn gegeben war.

7. Dann wurde durch Prophetie und vom HErrn dem Mose befohlen, Boten zur Auskundschaftung des Landes auszusenden. Als diese von der Auskundschaftung zurückkehrten, brachten sie das Land Israel in böses Gerücht, und so zögerten sie 40 Jahre in der Wüste. Da öffnete Mose seinen Mund

---

¹) אכסא, τάξις = סדר. ²) Ex. 19₈, 24₃. ³) Lag. אלפבס, II von βάσις. Cf. 5₁₅. אשישה ist hier gleich אשיש gedeutet. Cf. ar. 'asīs u. Jes. 16₇. Walton u. Montanus אלפבס. ⁴) רפידה = רפד. Cf. ar. rifāda. ⁵) Cf. Jes. 40₃.

und sprach: Ich beschwöre euch, Gemeinde Israel, bei dem HErrn Zebaoth[1]) und bei den Mächtigen[2]) des Landes Israel, dass ihr euch nicht erfrecht in das Land Kanaan hinaufzuziehen, bis es dem HErrn gefällt und das ganze Geschlecht der Kampffähigen verschwindet und im Lager stirbt wie eure Brüder die Ephraimiten, die im Übermute aus Ägypten auszogen 30 Jahre bevor das Ende gekommen war, und in das Land der Philister fielen, die in Gath wohnen; die töteten sie. Nein, wartet 40 Jahre! dann sollen eure Kinder hinaufziehen und es in Besitz nehmen.[3]) *andere Bemerkung S.21.*

8. Der König Salomo sprach: Zur Zeit, da das Volk Israel in Ägypten wohnte, stieg ihre Anklage zum Himmel der Höhe empor. Damals offenbarte sich die Glorie des HErrn dem Mose auf dem Berge Horeb, und er sandte ihn nach Ägypten, um sie zu befreien und aus der Bedrückung der Ägypterherrschaft herauszuführen. So übersprang er[4]) das Ende wegen des Verdienstes ihrer Väter, die Bergen gleichen, und hüpfte über die Zeit der Knechtschaft 190 Jahre, wegen der Gerechtigkeit ihrer Mütter, die Hügeln gleichen.[5])

9. Die Gemeinde Israel sprach: Als die Glorie des HErrn in Ägypten in der Passahnacht sich offenbarte und alle Erstgeborenen tötete, ritt er auf leichter Wolke[6]) und lief wie eine Gazelle und ein Hirschkalb. Er schützte die Häuser, darinnen wir waren, und stellte sich hinter unsere Mauern. Er schaute aus den Fenstern (des Himmels) und gab acht aus den Gittern, und sah das Blut des Passahopfers und das Blut der Beschneidung, das an unsere Thore gestrichen war, und merkte auf vom Himmel der Höhe und schaute auf sein Volk, das das Festopfer am Feuer gebraten mit Andorn und Endivien und ungesäuerten Broten ass, und schonte uns und gab dem Engel des Verderbens keine Vollmacht, uns zu verderben.

---

[1]) בצבאות. [2]) l. wie 152 16 בְּקִיפֵי; אֲיָלוֹת ist = אֵילִים gefasst. [3]) Num. 14 40 ff. 1 Chr. 7 21. [4]) Lag. וישטוּ „und sie überströmten". Levita על טורא ושטו, cf. Levy s. v. ושט; lies mit Walton ושטו. Cf. Midrasch, R. Jehuda. [5]) Cf. Geiger, Urschrift 250; und Deut. 33 15 Targ. Jeruš. Zu den 190 Jahren cf. Klostermann, Neue kirchliche Zeitschrift V 216. [6]) Jes. 19 1.

10. Und am Morgen antwortete mein Geliebter und sprach zu mir: Steh auf, Gemeinde Israel, meine Geliebte von Anfang an, und die du schön bist in deinen Werken! Komm heraus aus der ägyptischen Knechtschaft!
11. Denn die Zeit der Knechtschaft, die dem Winter glich, ist zu Ende, und die Jahre, von denen ich zu Abraham sprach zwischen den Hälften,[1]) sind verkürzt, und die ägyptische Herrschaft, die dem unablässig rinnenden Regen gleicht, ist dahin und vergangen. Ihr werdet sie ewiglich nicht mehr sehen.
12. Und Mose und Aaron, die den Palmknospen glichen, erschienen, um im Lande Ägypten Wunder zu thun, und die Zeit, die Erstlinge zu pflücken, kam; und die Stimme des heiligen Geistes[2]) der Erlösung, von dem ich euern Vätern sprach, habt ihr gehört, dem entsprechend dass ich zu ihm sagte:[3]) Auch das Volk, durch welches sie geknechtet werden, werde ich richten, und dann werden sie ausziehen mit grossem Besitze. Jetzt will ich thun, was ich ihm in meinem Memra gelobt habe.
13. Die Gemeinde Israel, die den Erstlingen der Feigen gleicht, öffnete ihren Mund und sprach das Lied am Schilfmeere; und auch die Jünglinge und Kinder priesen den Herrn der Welt mit ihrer Zunge. Alsbald sprach der Herr der Welt zu ihnen: Steh auf, Gemeinde Israel, meine Geliebte und meine Schöne: zieh von hier in das Land, das ich deinen Vätern gelobt habe!
14. Als der böse Pharao das Volk Israel verfolgte, glich die Gemeinde Israel der Taube, die in die Felsklüfte eingeschlossen ist und von drinnen von einer Schlange und von draussen von einem Habicht bedrängt wird. So war die Gemeinde Israel von allen vier Weltgegenden eingeschlossen. Vor ihnen das Meer, hinter ihnen ein feindlicher Verfolger, von beiden Seiten Wüsten voll von feurigen Schlangen, die stechen und mit ihrem Gifte die Menschen töten. Alsbald öffnete sie ihren Mund im Gebete zum HErrn, und eine Gottesstimme

---

[1]) Gen. 15,13. [2]) Der heilige Geist als Taube; cf. Siegfried, Philo p. 315; die Comm. zu Mark. 1,11 par. und Wünsche, neue Beiträge zur Erläuterung der Evv. 21f., 385f. [3]) Gen. 15,14.

ging aus vom Himmel der Höhe und sprach also: Du Gemeinde Israel, die du der reinen Taube gleichst, die geborgen ist im Verschluss der Felsklüfte und in den Verstecken der Stufen, lass mich deinen Anblick und deine guten Werke sehen! Lass mich deine Stimme hören! Denn deine Stimme ist angenehm durch das Gebet in kleinem Heiligtume,[1] und dein Anblick ist schön durch gute Werke.

15. Nachdem sie das Meer durchschritten hatten, murrten sie wegen des Wassers. Da kam der böse Amalek[2] über sie, der um der Erstgeburt und des Segens willen, den unser Vater Jakob dem Esau fortgenommen hatte, gegen sie Feindschaft hegte. Der kam, um gegen Israel zu kämpfen, weil sie die Worte des Gesetzes gebrochen hatten. Und der böse Amalek stahl[3] unter den Flügeln der Wolken der Glorie Seelen vom Stamme Dan fort und tötete sie, weil sie das Götzenbild des Micha bei sich hatten. Damals verschuldeten sich die Israeliten, die einem Weinberg in der Verheerung geglichen hätten, wenn nicht die Gerechten jenes Geschlechts gewesen wären, die schöner Spezerei glichen.

16. Damals kehrten sie bussfertig um. Da trat der Prophet Mose hin und betete zum HErrn, und sein Diener Josua rüstete sich und trat hervor aus den Flügeln der Wolke der Glorie des HErrn, und mit ihm gerechte Männer, die in ihren Werken der Rose glichen; die kämpften gegen Amalek und zerschmetterten Amalek und sein Volk durch den Namen des HErrn, der tötet und zerschmettert wie Schwertesschneide.

17. Nach wenigen Tagen machten die Kinder Israel das goldene Kalb, und die Wolken der Glorie, die sie beschattet hatten, stiegen empor, und sie blieben bloss zurück; denn ihre Waffenrüstungen, auf welche der grosse Name, durch 70 Namen erklärt,[4] eingegraben war, waren ihnen ausgezogen. Der HErr

---

[1] Gemeint ist das Stiftszelt, obwohl hier ein Anachronismus; cf. im Midrasch R. Meïr. [2] Ex. 17 8. Amalek ist aus קמץ geschlossen; cf. Gen. 36 12, Obadja 2 und Midrasch unter R. Judan. [3] Es ist אֲחַל vokalisiert; cf. Midrasch unter R. Chanan. [4] Deutung von ד: ע = 4, das Tetragramm, ע = 70, die 70 Deutungen. Diese finden sich aufgezählt bei Salfeld, Anhang p. 137.

wollte sie von der Welt vernichten, — hätte er sich nicht des Gelöbnisses erinnert, das er in seinem Memra dem Abraham, Isaak und Jakob gelobt hatte, die schnell waren im Dienste gegen ihn wie eine Gazelle und ein Hirschkalb, und des Opfers, dass nämlich Abraham seinen Sohn Isaak auf dem Berge Morija opferte und schon vorher dort sein Opfer dargebracht und sie zu gleichen Teilen geteilt hatte.[1])

III. 1. Als das Volk Israel sah, dass die Wolken der Glorie von ihnen emporgestiegen waren und die heilige Krone, die ihnen auf dem Sinai gegeben war, ihnen entzogen war, und sie in Finsternis wie in Nacht zurückgeblieben waren, da suchten sie die heilige Krone, die ihnen genommen war, und fanden sie nicht.

2. Die Kinder Israels sprachen unter einander: Lasst uns hingehen und die Stiftshütte umgehen, welche Mose ausserhalb des Lagers ausgespannt hat, und den HErrn um Lehre und die heilige Schechina, die von uns emporgestiegen ist, bitten. So gingen sie herum in Dörfern (Quartieren), Strassen und Plätzen, fanden sie aber nicht.

3. Die Gemeinde Israel sprach: Es fanden mich Mose, Aaron und die Leviten, die Wächter der Wache des Memra in der Stiftshütte, die dort rings herum gingen. Ich fragte sie nach der Schechina der Glorie des HErrn, die von mir emporgestiegen war. Mose, der grosse Schriftgelehrte Israels, antwortete und sprach also: Ich will zum Himmel der Höhe hinaufsteigen und zum HErrn beten: vielleicht verzeiht er eure Sünden und lässt seine Schechina unter euch wohnen wie vordem.

4. Nur gar kurze Zeit dauerte es, da kehrte der HErr um von seinem heftigen Zorn, befahl dem Propheten Mose, die Stiftshütte und die Lade zu bauen, und liess seine Schechina darin wohnen. Und das Volk Israel brachte seine Opfer dar und studierte die Worte des Gesetzes im Schulzimmer ihres Meisters Mose und in der Kammer des Josua, des Sohnes Nuns, seines Dieners.

---

[1]) Deutung von בתר nach Gen. 15 10.

5. Als die 7 Völker hörten, dass die Israeliten ihr Land in Besitz nehmen würden, erhoben sie sich allzumal, hieben die Bäume ab, verstopften die Wasserquellen, verwüsteten ihre Dörfer und flohen. Der Heilige — er sei gepriesen — sprach zu dem Propheten Mose:[1]) Ich habe ihren Vätern gelobt, dass ich ihre Kinder hinaufführen würde, um ein Land in Besitz zu nehmen, das Milch und Honig hervorbringt: wie sollte ich nun ihre Kinder in ein ödes und leeres Land bringen? Jetzt halte ich sie 40 Jahre in der Wüste auf, damit mein Gesetz mit ihren Körpern sich verbinde. Dann werden jene bösen Völker wieder aufbauen, was sie verwüstet haben. Da sprach Mose: Ich beschwöre euch, Gemeinde Israel, beim HErrn Zebaoth und bei den Mächtigen des Landes Israel, dass ihr euch nicht erfrecht, zum Lande der Kanaanäer hinaufzuziehen bis nach Vollendung von 40 Jahren. Es ist des HErrn Wille, die Bewohner des Landes in eure Hand zu geben, und ihr werdet den Jordan überschreiten, und das Land wird euch unterworfen werden. vgl. J. 17.

6. Als Israel von der Wüste hinaufzog und den Jordan mit Josua, dem Sohne Nuns, überschritt, sprachen die Völker des Landes: Was ist das für ein auserwähltes Volk, das aus der Wüste heraufzieht, durchduftet von Räucherwerk der Spezereien; das gespeist ist um des Verdienstes Abrahams willen, der dem HErrn diente und zu ihm auf dem Berge Morija betete, und eingerieben mit dem Weiheöle um der Gerechtigkeit Isaaks willen, der an der Stätte des Heiligtums, die „Weihrauchberg"[2]) heisst, gebunden wurde; und dem Wunder geschahen um der Frömmigkeit Jakobs willen, der bis zum Aufgange des Morgenlichts mit ihm rang,[3]) dabei sich stärker als jener erwies und so mit seinen zwölf Stämmen gerettet wurde?

7. Als Salomo, der König von Israel, das Heiligtum des

---

[1]) cf. Ex. 23 29. [2]) Wohl nach 1 Reg. 7 2; בית יער הלבנון; aber nach dem Midrasch zu 7 5 beruht die Bezeichnung des Tempelberges als Libanon auf Deut. 3 25: es ist „der Berg, der Sünden weiss macht". [3]) אבקה; cf. ויאבק Gen. 32 25.

HErrn in Jerusalem baute, sprach der HErr in seinem Memra zu ihm: Wie schön ist dieses Heiligtum, das mir durch den König Salomo, den Sohn Davids, gebaut ist, und wie schön sind die Priester, wenn sie ihre Hände ausbreiten und auf ihren Chören (Estraden) stehen und das Volk Israel mit den 60 Buchstaben [1]) segnen, welche ich ihrem Meister Mose übergeben habe. Dadurch umgibt sie Segen wie eine grosse und starke Mauer, und durch ihn sind stark und glücklich alle Helden Israels.

8. Und die Priester und Leviten und alle Stämme Israels, sie alle werden die Worte des Gesetzes, die einem Schwerte vergleichbar sind, fassen und über sie in Frage und Antwort disputieren, wie kampfgeübte Helden. Ein jeder von ihnen trägt das Siegel der Beschneidung an seinem Fleische, gleichwie Abraham es an seinem Fleische trug; dadurch werden sie stark sein wie ein Kriegsheld, um dessen Lende ein Schwert gegürtet ist; und darum werden sie sich nicht vor den Unholden und Schattengeistern fürchten, die in der Nacht umgehen.

9. Einen heiligen Tempel erbaute ihm der König Salomo aus Zimtholz und Platanen und Pinien, die vom Libanon kamen, und bekleidete ihn mit reinem Golde.

10. Und nachdem er ihn vollendet hatte, stellte er die Lade des Zeugnisses hinein, welche die Säule der Welt war, mit 2 steinernen Tafeln darinnen, welche Mose auf dem Horeb darin deponiert hatte, die kostbarer waren als geläutertes Silber und schöner als feines Gold. Darüber breitete er als Schutz den purpurblau und -roten Vorhang. Und zwischen den Cheruben über dem Vorhange wohnte die Schechina des HErrn, dessen Name in Jerusalem mehr als in allen Städten des Landes Israel wohnte.

11. Als der König Salomo zur Einweihungsfeier des Heiligtums kam, ging ein Herold aus mit Kraft und sprach also: Kommt heraus, ihr Bewohner der Kreise des Landes Israel und du Volk von Zion, und schaut das Diadem und

---

[1]) Die 60 Buchstaben des Segens Num. 6 21—26.

die Krone, mit welcher das Volk Israel den König Salomo am Einweihungstage des Heiligtums gekrönt hat! Und es freute sich über das Hüttenfest; denn der König Salomo veranstaltete damals das Hüttenfest 14 Tage lang.[1])

IV. 1. An jenem Tage opferte der König Salomo 1000 Brandopfer auf dem Altare,[2]) und sein Opfer wurde wohlgefällig vom HErrn angenommen. Eine Gottesstimme ging aus vom Himmel und sprach also: Wie schön bist du, Gemeinde Israel, und wie schön sind die Grossen der Gemeinde und die Weisen, die im Synedrium sitzen; welche die Welt, das Haus Israel, erleuchten und den jungen Tauben gleichen! Ja selbst die übrigen Glieder deiner Gemeinde und die Laien sind gerecht wie die Söhne Jakobs, die Steine lasen und auf dem Berge Gilead ein Hügelchen machten.[3])

2. Wie schön sind die Priester und Leviten, die deine Opfer darbringen, das heilige Fleisch, den Zehnten und die Hebe essen, und rein sind von jeglicher Bedrückung und Übervorteilung, gleichwie die Schafherden Jakobs rein waren, als sie geschoren waren und aus dem Flusse Jabbok stiegen,[4]) unter denen auch keines durch Bedrückung und Übervorteilung gewonnen war; und alle glichen einander und warfen allezeit Zwillinge: keins war unter ihnen, das unfruchtbar war oder eine Fehlgeburt that.[5])

3. Und die Lippen des Hohenpriesters flehten im Gebete am Versöhnungsfeste zum HErrn, und seine Worte verwandelten die Sünden Israels, die einem Karmesinfaden glichen, und färbten sie weiss wie reine Wolle.[6]) Und der König, der ihr Haupt war, war voll von den Geboten wie ein Granatapfel,[7]) abgesehen von den Obersten und Mächtigen, die dem Könige nahe standen, die gerecht waren und an denen nichts Böses war.

4. Und der Akademievorsteher, dein Lehrer, war fest in

---

[1]) 1 Reg. 8 65. 2 Chron. 6 9. [2]) 1 Reg. 8 62. [3]) בלישישאת erklärt שגלוש cf. Gen. 31 46. [4]) Gen. 32 24. [5]) cf. Gen. 31 38. [6]) Jes. 1 18. [7]) Nach Berachoth 57ᵃ, Erubin 19ᵃ, Sanh. 39ᵃ (Weber 329). Cf. Philo Carpasius (Migne SG. 40 133d 141b): πολύκοκκος ἡ ῥοά.

der Gerechtigkeit und gross in guten Werken, wie David, der König von Israel. Auf das Wort seines Mundes wurde die Welt erbaut, und auf die Lehre des Gesetzes, das er studierte, vertraute das Volk Israel[1]) und siegte im Kampfe, als ob sie in ihren Händen alle Arten von Waffen der Helden hielten.

5. Deine beiden Erlöser, die kommen werden dich zu erlösen, der davidische und der ephraimitische Messias,[2]) gleichen Mose und Aaron, den Söhnen Jochebeds, die den beiden Gazellenzwillingskälbern vergleichbar waren und das Volk Israel um ihres Verdienstes willen 40 Jahre in der Wüste mit Manna und fetten Vögeln und Wasser vom Brunnen der Mirjam weideten.[3])

6. Allezeit, wo die Israeliten den Beruf ihrer gerechten Väter beibehielten, flohen die Unholde und die Schatten- und Morgen- und Mittagsgeister aus ihrer Mitte, weil die Schechina der Glorie des HErrn im Heiligtume, welches auf dem Berge Morija[4]) gebaut war, wohnte: alle Unholde und bösen Geister flohen vor dem Dufte der wohlriechenden Räucherung.

7. Solange dein Volk, Israel, that, was dem Herrn der Welt wohlgefällig ist, lobte er sie im Himmel der Höhe und sprach also: Durchaus schön bist du, Gemeinde Israel, und ein Mal ist nicht an dir.

8. Der HErr sprach in seinem Memra: Bei mir wirst du wohnen, Gemeinde Israel, die du einer keuschen Braut gleichst, und mit mir werdet ihr in das Heiligtum treten; und die Volkshäupter, die am Amana,[5]) und die Bewohner, die auf der Spitze des Schneeberges[6]) wohnen, und die Völker auf dem Hermon werden dir Geschenke darbringen,[7]) und die Bewohner fester Burgen, die Helden sind wie Löwen, werden dir Tribute

---

[1]) Hat der Targumist in תרעיתה wie der Midrasch eine Zusammensetzung mit פיה gesehen oder es von אלה abgeleitet?   [2]) Cf. Weber p. 346. Levy s. v. משיחא und ארבילוס.   [3]) Zum Mirjambrunnen cf. den Midrasch zu 4 13. Der Brunnen, von dem die Israeliten tranken, versagte mit dem Tode der Mirjam Num. 20 1—5.   [4]) Deutung von מר.   [5]) 2 Reg. 5 12. Dagegen fassen es mehrere Stellen des Talmud als den Berg, bis zu dem Palästina reicht. Salfeld 11 n7 7 n4.   [6]) Der Senir ist mit dem Libanon, der sonst טור תלגא heisst, identifiziert.   [7]) Jes. 66 20.

bringen, als Gabe von den Dörfern der Berge, die stärker sind als Leoparden.

9. Auf meine Herzenstafel ist die Liebe zu dir eingegraben, meine Schwester, Gemeinde Israel, die du der keuschen Braut gleichst; auf meine Herzenstafel ist die Liebe zu dem Geringsten in deiner Mitte eingegraben, da er ja gerecht ist wie einer von den Obersten des Synedriums und wie einer von den Königen Judas, an dessen Halse das Königsdiadem war.

10. Wie schön sind 'für mich deine Liebeserweisungen, meine Schwester, Gemeinde Israel, die du der keuschen Braut gleichst! Wie angenehm sind mir deine Liebeserweisungen, mehr als die 70 Völker. Der gute Name deiner Gerechten duftet mehr als alle Wohlgerüche.

11. Und wenn die Priester im Vorhofe des Heiligtums beten, strömen ihre Lippen Honigwaben; deine Zungen, keusche Braut, sind, wenn du Gesänge und Loblieder sprichst, süss wie Milch und Honig, und der Duft der Priestergewänder ist wie der Duft von Weihrauchbäumen.[1])

12. Deine Frauen, die an Männer verheiratet sind, sind keusch wie eine keusche Braut und wie der Garten Eden, den niemand betreten darf ausser den Gerechten, deren Seelen durch die Engel hineingebracht werden; und deine Jungfrauen werden in Zimmern bewahrt und geborgen und sind dort versiegelt wie die Quelle lebendigen Wassers, die unter dem Baume hervorkommt[2]) und sich zu vier Flussursprüngen teilt. Und wenn sie nicht durch den grossen und heiligen Namen versiegelt wäre, würde sie hervorbrechen und sprudeln und die ganze Welt überfluten.

13. Deine Jünglinge sind wie Granaten erfüllt von den Geboten und lieben ihre Frauen, die deswegen Gerechte wie sie gebären; und ihr Duft ist deswegen wie schöne Wohlgerüche des Gartens Eden, Henna mit Rišqblumen,[3])

14. Rosen, Crocus, Würzrohr und Zimt samt allen Weihrauchhölzern, reine Myrrhe und Aloehölzer samt allen Arten von Wohlgerüchen.

---

[1]) לבנון = לְבוֹנָה.   [2]) Gen. 2 10.   [3]) Rišq: nach Raschi der Safran.

15. Und die Wasser des Siloah leiten sanft das Volk,[1]) das vorzüglicher ist als Wein (= die 70 Völker), sie die vom Libanon herabfliessen, um das Land Israel zu tränken; weil sie die Worte des Gesetzes studieren, die einem Brunnen lebendigen Wassers gleichen, um der Wasserbesprengung willen, mit der man den Altar im Heiligtume besprengt, das in Jerusalem gebaut ist und „Libanon" heisst.[2])

16. An der Nordseite war ein Tisch, und auf ihm 12 Schaubrote;[3]) und an der Südseite war eine Lampe zur Erleuchtung, und auf dem Altare brachten die Priester das Opfer dar und legten das wohlriechende Rauchopfer darauf. Die Gemeinde Israel sprach: Es betrete doch Gott, mein Geliebter, das Heiligtum und nehme wohlgefällig die Opfer seines Volkes an!

V. 1. Der Heilige — gepriesen sei er — sprach zu seinem Volke Israel: Ich habe mein Heiligtum betreten, welches du, meine Schwester, Gemeinde Israel, die du der keuschen Braut gleichst, mir gebaut hast, und habe meine Schechina in deiner Mitte wohnen lassen. Ich habe dein wohlriechendes Rauchopfer, das du meinem Namen bereitet hast, angenommen, indem ich Feuer vom Himmel sandte, das die Brandopfer und die heiligen Schlachttiere verzehrte.[4]) Wohlgefällig ist von mir die Spende von rotem und weissem [5]) Weine angenommen, welche die Priester auf meinen Altar spendeten. Nun kommt, ihr Priester, die ihr meine Gebote liebt; esset, was übrig geblieben ist von den Opfern, und erfreut euch an dem Guten, das euch bereitet ist!

2. Nach allen diesen Worten sündigte das Volk Israel, und er gab sie in die Hand Nebukadnezars, des Königs von Babel, der sie ins Exil führte. Im Exile glichen sie einem Schlafenden, der aus seinem Schlafe nicht erweckt werden kann. Und doch mahnte sie die Stimme des heiligen Geistes durch die Propheten und weckte sie aus dem Schlafe ihres Herzens. Der Herr der ganzen Welt begann und sprach also:

---

[1]) Jes. 8,6 nach Jonathan. [2]) Cf. zu 3,6. Der Targum enthält eine doppelte Erklärung des Verses. [3]) Ex. 40,22 ff. [4]) 2 Chr. 7,1. [5]) חלב׳.

Bekehre dich bussfertig! Öffne deinen Mund und jauchze und rühme mich, meine Schwester, meine Geliebte, Gemeinde Israel, die du in der Vollkommenheit deiner Werke der Taube gleichst! Denn das Haar meines Hauptes ist voll von deinen Tränen, wie das Haupthaar eines Mannes benetzt ist vom Thau des Himmels, und meine geweihte Stirnlocke[1]) ist voll von den Tropfen deiner Augen, wie die geweihte Stirnlocke eines Mannes voll ist von den Regentropfen, die in der Nacht herabfallen.

3. Die Gemeinde Israel antwortete den Propheten: Ich habe das Joch seiner Gebote abgelegt und den Götzen der Völker gedient: wie könnte ich nun die Frechheit haben zu ihm zurückzukehren? Der Herr der Welt antwortete ihnen durch die Propheten: Auch ich habe meine Schechina aus deiner Mitte fortgenommen: wie könnte ich nun zurückkehren? Du hast böse gethan, ich aber habe meine Füsse von deiner Unreinheit geheiligt: wie könnte ich sie nun in deiner Mitte mit deinen bösen Werken besudeln?[2])

4. Als es vor dem HErrn offenbar war, dass das Volk Israel nicht bereuen und zu ihm zurückkehren wollte, liess er seinen kräftigen Schlag auf die Stämme Ruben, Gad und den halben Stamm Manasse, die jenseits des Jordans wohnten, fallen und gab sie in die Hand Sanheribs, des Königs von Assur. Der exilierte sie nach dem Lachlach und Chabur, Flüssen in Gosan,[3]) und den Städten Mediens, und nahm ihnen das gegossene Kalb fort, welches der Sünder Jerobeam in Leschem Dan,[4]) auch Paneas genannt, aufgestellt hatte. Das war zur Zeit Pekachs, des Sohns Remaljas. Als ich das hörte, regte sich ihretwegen mein Inneres.

5. Als aber der kräftige Schlag des HErrn gegen mich stark wurde, bereute ich meine Werke, und die Priester brachten Opfer dar und liessen wohlriechendes Räucherwerk

---

[1]) Ezech. 8 3. [2]) Lies mit Walton u. Levy אמבשיון. [3]) 1 Chron. 5 26, 2 Reg. 15 29, cf. 2 Reg. 17 6 18 11; נהר cf. 2 Reg. 17 6 ⓈⓈ $ποταμοῖς$. „Sanherib" ist Verwechslung; „Lachlach" steht sonst in keinem Targum. [4]) Jos. 19 47 Die Gleichsetzung mit Paneas stimmt ungefähr.

emporsteigen; aber es wurde nicht wohlgefällig angenommen; denn der Herr der Welt verschloss die Thore der Reue vor mir.

6. Die Gemeinde Israel sprach: Ich wollte bei dem HErrn Lehre suchen; er aber nahm seine Schechina aus meiner Mitte. Meine Seele kehrt zurück zur Stimme seiner Worte. Ich suchte die Schechina seiner Glorie, fand sie aber nicht. Ich betete zu ihm; er aber bedeckte den Himmel mit Wolken und nahm mein Gebet nicht an.

7. Es ergriffen mich Chaldäer, die die Wege bewachten und ringsum die Stadt Jerusalem bedrängten. Einige von mir töteten sie mit dem Schwerte, andere führten sie in die Gefangenschaft. Sie nahmen das Königsdiadem vom Halse des Zedekia, des Königs von Juda, und führten ihn nach Ribla. Seine Augen blendeten die Babylonier, welche die Stadt bedrängten und die Mauern bewachten.

8. Die Gemeinde Israel sprach: Ich beschwöre euch, ihr Propheten, beim Beschlusse des Memra des HErrn; wenn euch etwa eure Liebe offenbar wird, thut es ihm kund; denn ich bin krank aus zärtlicher Liebe zu ihm.

9. Die Propheten antworteten und sprachen zum Hause Israel: Welchem Gotte willst du denn dienen, Gemeinde Israel, schönste von allen Völkern? Wen willst du denn fürchten, dass du uns so beschwörst?

10. Da begann die Gemeinde Israel den Preis des Herrn der Welt zu verkünden und sprach also: Jenem Gotte möchte ich dienen, der am Tage mit einer Stola weiss wie Schnee umhüllt ist [1]) und die 24 Bücher des Gesetzes und der Worte der Propheten und der Schriften, in der Nacht aber die 6 Ordnungen der Mischna studiert.[2]) Der Glanz der Glorie des HErrn, von dem sein Antlitz erstrahlt, ist wie Feuer, ob der Grösse der Weisheit und des Verstandes, mit welchem er jeden Tag neue [3]) Lehren schafft, die er seinem Volke an jenem grossen Tage eröffnen wird. Und seinem Kommando unterstehen Myriaden Myriaden Engel, die ihm dienen.[4])

---

[1]) Dan. 7,9. [2]) Dan. 7,10; haggadische Parallelen bei Weber p. 17 u. 154. [3]) Lies mit Levy (s. v. שעתא) חדתן. [4]) Dan. 7,10. Deut. 32,2.

11. Sein Gesetz, das begehrenswerter ist als feines Gold, und die Erklärung der Worte, in denen Entscheidungen und Verordnungen in grosser Menge aufgehäuft sind,[1]) sind für die, welche sie beobachten, weiss wie Schnee; aber für die, welche sie nicht beobachten, sind sie schwarz wie Rabenflügel.

12. Seine Augen achten beständig auf die Stadt Jerusalem, ihr wohlzuthun und sie zu segnen, vom Anfange des Jahres bis zum Ende, wie Tauben die dastehen und auf das Hervorkommen des Wassers passen; um des Verdienstes derer willen, die im Synedrium sitzen und das Gesetz studieren und das Recht erleuchten, dass es glatt wird wie Milch; und derer die im Lehrhause sitzen und im Urteile langsam sind, bis sie damit fertig sind, schuldfrei und schuldig zu sprechen.

13. Die beiden steinernen Tafeln,[2]) die er seinem Volke gab, beschrieben in 10 Linien, gleich den Reihen eines Gewürzgartens, bringen Lehren und Entscheidungen hervor,[3]) wie ein Gartenbeet Gewürzkräuter hervorbringt. Die Lippen seiner Weisen, die sich mit dem Gesetze beschäftigen, triefen von Entscheidungen in jeder Beziehung, und die Rede ihres Mundes ist wie auserlesene Myrrhe.

14. Die 12 Stämme Jakobs,[4]) seines Knechtes, befanden sich rings um das Stirnblatt der heiligen goldnen Krone, auf 12 [5]) Edelsteine eingraviert, zugleich mit den 3 Vätern der Welt, Abraham, Isaak und Jakob. Ruben war auf Rotstein[6]) eingraviert, Simeon auf Koralle,[7]) Levi auf Safranblitzstein, Juda auf Antimonstein,[8]) Isaschar auf Smaragd, Sebulon auf Perle,[9]) Dan auf Beryll, Naphthali auf Sapphir, Gad auf Tab'ag, Asser auf Pirosag, Joseph auf Meribag,[10]) Benjamin auf Pantherstein: gleich den 12 Sternbildern, leuchtend wie eine Lampe,[11]) glänzend in ihren Werken wie Elfenbein und strahlend wie Juwelen.

---

[1]) Cf. den talmudischen Ausdruck הלכה של תילין תילי Menach 29 b (Levy s. v. הל) cf. Erubin 21 b. [2]) לחיו erklärt als לחתיו. [3]) מגהלות. [4]) Ex. 28 36. 17—21. [5]) תרשיש = שֵׁשׁ תְּרֵי. [6]) ar. 'aḥmar. [7]) ar. 'aqīq. cig. eine rote Muschel. [8]) ar. kaḥlā; Walton: carbunculus; cf. נחלים. [9]) ar. gauhar. [10]) Edelsteinnamen persischer Herkunft. [11]) עששיה = עשת.

15. Und die Gerechten sind die Säulen der Welt,[1]) gegründet auf Fundamente von feinem Golde; das sind die Worte des Gesetzes, die sie studieren. Sie schelten das Volk Israel, damit es thue, was ihm wohlgefällig ist. Er aber ist von Liebe zu ihnen erfüllt, wie ein Greis, und macht die Sünden des Hauses Israel weiss [2]) wie Schnee, und bereitet sich, Sieg und Kampf zu üben gegen die Völker, die seine Offenbarungen übertreten, einem jugendlichen [3]) Helden gleich und stark wie Cedern.

16. Die Worte seines Gaumens sind süss wie Honig, und alle seine Gebote für seine Weisen begehrenswerter als Gold und Silber. Das ist der Lobpreis Gottes meines Geliebten, und das ist die Kraft der Stärke meines geliebten Herrn, ihr Propheten, die ihr in Jerusalem weissagt.[4])

VI. 1. Als die Propheten den Lobpreis des HErrn aus dem Munde der Gemeinde Israel hörten, antworteten sie und sprachen also:[5]) Ob welcher Sünde erhob sich die Schechina des HErrn aus deiner Mitte, du, deren Werke schöner sind als die aller Völker? und wohin wandte sich dein Freund, als er sich aus deinem Heiligtum erhob? Die Gemeinde Israel sprach: Wegen Sünden, Empörungen und Widerspenstigkeit, die bei mir gefunden wurden. Die Propheten sprachen: Kehre nun reuig zurück! Dann wollen wir, du und wir, aufstehen und zu ihm beten und mit dir um Liebe bitten.

2. Der Herr der Welt nahm ihr Gebet wohlgefällig an und stieg herab auf Babel und das Synedrium der Weisen, schaffte seinem Volke Erleichterung und führte sie durch Cyrus, Esra, Nehemia und Serubabel, den Sohn Sealthiels, und die Ältesten der Judäer aus dem Exile hinauf. Sie bauten dann das Heiligtum und setzten die Priester für die Opfer und die Leviten zur Bewachung des heiligen Memra ein. Er aber sandte Feuer vom Himmel und nahm das Opfer und die Räucherung von Wohlgerüchen wohlgefällig an. Wie jemand,

---

[1]) שש = עלמא, weil die Welt in 6 Tagen gegründet ist; cf. den Midrasch zu uns. Stelle. [2]) תלגא = להבין שש cf. zu 36. [3]) בחור. [4]) Lies mit Montanus דסנברין. [5]) Ziehe mit Walton חמהבשא bis ישראל zu שבעו.

der seinem geliebten Sohne Leckerbissen zu essen gibt,[1]) so verzärtelte er sie, und wie jemand, der auf den Fluren Rosen liest, so sammelte er sie aus Babel.

3. An jenem Tage diente ich dem Herrn der Welt, meinem Geliebten, und mein Geliebter liess seine heilige Schechina in meiner Mitte wohnen und versorgte mich mit Leckerbissen.[1])

4. Der HErr sprach durch seinen Memra: Wie schön bist du, meine Geliebte, wenn du willig bist,[2]) zu thun was mir wohlgefällt. Schön ist das Heiligtum, das du mir gebaut hast, wie das erste Heiligtum, das mir der König Salomo in Jerusalem baute; und der Schrecken vor dir lag auf allen Völkern, als deine vier Schlachtreihen durch die Wüste zogen.

5. Lass deine Lehrer,[3]) die Weisen der grossen Versammlung, vor mir ringsherum gehen; denn sie fragten mich im Exile um Rat und bestimmten für die Lehre meines Gesetzes die Schriftforschung; und deine übrigen Schüler und das gemeine Volk rechtfertigten mich durch die Rede ihres Mundes, wie die Söhne Jakobs, die auf dem Berge Gilead Steine lasen und ein Hügelchen machten.[4])

6. Und die Priester und Leviten, die deine Opfer und den heiligen Zehnten und die Hebe essen, sind rein von jeglicher Bedrückung und Übervorteilung, gleich wie die Schafherden Jakobs rein waren,[5]) als sie aus dem Flusse Jabbok stiegen: keines unter ihnen war durch Bedrückung und Übervorteilung erworben, und alle glichen einander und warfen jederzeit Zwillinge; keins war unter ihnen, das eine Fehlgeburt that oder unfruchtbar war.[6])

7. Und das Königshaus[7]) der Hasmonäer war voll von den Verordnungen gleich einem Granatapfel, abgesehen von dem Hohenpriester Mattathias und seinen Söhnen, die gerechter waren als alle und die Gebote und Worte des Gesetzes in Lauterkeit aufrecht erhielten.

---

[1]) לרעות. [2]) כתרצה. [3]) עין, cf. Midrasch zu unserer Stelle und zu 1 15. [4]) Cf. zu 4 1. [5]) Lies והו היכמה wie 4 2. [6]) Gen. 31 38. [7]) רקה ist 4 3 Emblem der Könige im allgemeinen; hier der Zeitfolge entsprechend das der Hasmonäer. Warum?

8. Damals erhoben sich die Griechen und versammelten 60 Könige aus den Söhnen Esaus, bekleidet mit Panzern, reitend auf Rossen und Pferden,[1]) und 80 Fürsten von den Ismaelitern, reitend auf Elefanten,[2]) ausser den übrigen Völkern und Zungen ohne Zahl; sie setzten den König Alexander über sich zum Oberhaupte, und zogen heran zum Kampfe gegen Jerusalem.

9. Damals diente die Gemeinde Israel, die einer untadeligen Taube gleicht, eines Herzens ihrem Herrn und hielt sich an das Gesetz und studierte die Worte des Gesetzes reinen Herzens: ihre Verdienste waren rein wie am Tage, da sie aus Ägypten auszog. Damals standen die Hasmonäer auf mit Mattathias und dem ganzen Volke Israel und kämpften gegen sie; und der HErr gab sie in ihre Hand. Als nun die Bewohner der Länder das sahen, priesen die Königreiche der Erde und die Machthaber sie glücklich und rühmten sie.

10. Die Nationen sprachen: Wie leuchtend sind die Thaten dieses Volkes am Morgen! Seine Jünglinge sind schön wie der Mond und seine Tugenden rein wie die Sonne. Schrecken vor ihm fiel auf alle Erdenbewohner, als seine 4 Schlachtreihen durch die Wüste zogen.

11. Der Herr der Welt sprach: In einem zweiten Heiligtume, welches mir durch Cyrus erbaut ist, habe ich meine Schechina wohnen lassen, um gute Werke von meinem Volke zu sehen, und zu sehen, ob die Weisen zunehmen und sich mehren, sie die dem Weinstocke gleichen, und ob ihre Schösslinge voll sind von guten Werken wie Granatäpfel.

12. Und als es dem HErrn offenbar war, dass sie gerecht waren und das Gesetz studierten, sprach der HErr in seinem Memra: Ich will sie nicht mehr demütigen und auch ihrem Volke nicht den Garaus machen, sondern ich plane bei mir, ihnen wohlzuthun und sie stolz auf Königswagen zu setzen, um der Verdienste der Gerechten des Geschlechtes willen, die in ihren Werken ihrem Vater Abraham gleichen.

---

[1]) 1 Reg. 5 6. [2]) פיל-בשים.

VII. 1. Kehre zu mir zurück, Gemeinde Israel, kehre nach Jerusalem zurück, kehre nach dem Gesetzeslehrhause zurück, kehre zurück dazu, Weissagungen von den Propheten zu empfangen, welche im Namen des Memra des HErrn prophezeien! Was nützt es euch denn, ihr Lügenpropheten, das Volk von Jerusalem durch eure Weissagungen zu verführen, indem ihr Abfall von dem Memra des HErrn und Profanation[1]) des Lagers Israels und Judas predigt?

2. Salomo sprach im Geiste der vom HErrn empfangenen Prophetie: Wie schön sind die Füsse Israels, wenn sie in Purpursandalen hinaufziehen, um vor dem HErrn dreimal im Jahre zu erscheinen, und ihre Gelübde und freiwilligen Gaben[2]) darbringen. Auch ihre Kinder, die aus ihren Lenden hervorgegangen, sind schön wie Juwelen, die in die heilige Krone eingelegt waren, welche der Künstler Bezaleel dem Priester Aaron machte.

3. Und das Oberhaupt deiner Akademie,[3]) um dessen Verdienstes willen die ganze Welt ernährt wird,[4]) gleichwie der Embryo im Leibe seiner Mutter durch seinen Nabel ernährt wird,[5]) leuchtet durch das Gesetz[6]) wie die Mondscheibe, wenn er kommt zu reinigen und zu beflecken, schuldfrei und schuldig zu sprechen. Nie gehen seinem Munde die Worte des Gesetzes aus, gleichwie die Wasser des grossen Stromes nicht ausgehen, der von Eden aus fliesst. 70 Weise[7]) umgeben ihn wie eine runde Tenne;[8]) und ihre Vorratskammern sind voll von heiligem Zehnten und Gelübden und freiwilligen Gaben, welche ihnen der Priester Esra, Serubabel, Josua, Nehemia und Mardochai Bilsan,[9]) die Männer der „grossen Versammlung" als Zaun bestimmten,[10]) sie die den Rosen vergleichbar sind, weil sie die Kraft hatten, Tag und Nacht das Gesetz zu studieren.

4. Deine beiden Erlöser, die dich erlösen werden, der

---

[1]) מחלה = אחלא. [2]) נדיב. [3]) Weber p. 127. [4]) Weber 73, 286.
[5]) Nidda 30 b. [6]) Dan. 12 3 (מַשְׂכִּילִים „Lehrer"). [7]) Weber 136. [8]) Nach Chullin 5 a war der Sitz des Synedriums amphitheatralisch wie eine halbe gerundete Tenne. Cf. Levy 12 b s. v. אידר. [9]) Esra 2 2, Nem. 7 7. [10]) סוגה.

Messias aus dem Hause Davids und der Messias aus dem Stamme Ephraim,[1]) gleichen Mose und Aaron, den Söhnen Jochebeds, die da zwei Gazellenzwillingskälbern vergleichbar sind.

5. Und der Gerichtsvorsteher, der deine Rechtssachen richtet, hat Macht über das Volk, sie zu fesseln[2]) und den zu geisseln, der im Gerichte der Geisselung schuldig befunden ist, wie der König Salomo, der aus Elfenbein einen Turm baute und das Volk Israel unterwarf und sie zu dem Herrn der Welt zurückführte. Deine Schriftgelehrten[3]) sind voll Weisheit wie die Wasserteiche. Sie verstehen es, die Einschaltungen[4]) zu berechnen, bestimmen die Schaltjahre und setzen die Monats- und Jahresanfänge im Thore des Hauses[5]) des grossen Synedriums fest. Der Geschlechtsvorsteher des Hauses Juda gleicht dem Könige David, der die Burg Zion baute, welche Libanonturm[6]) genannt wird; jeder, der droben steht, kann alle Türme in Damascus zählen.

6. Der König, der über dich als Oberhaupt eingesetzt ist, ist gerecht wie der Prophet Elia, der für den Herrn des Himmels eiferte, die Lügenpropheten auf dem Berge Karmel tötete und das Volk Israel zur Furcht Gottes des HErrn zurückbrachte. Und die niedrigen Leute,[7]) die gebeugten Hauptes einhergehen, weil sie arm sind, werden sich in Purpur kleiden, wie Daniel in der Stadt Babel[8]) und Mardochai in Susa,[9]) um des Verdienstes Abrahams willen, den er ehedem zum Könige der Welt einsetzte, und wegen der Gerechtigkeit Isaaks, den sein Vater band, ihn zu opfern; und wegen der Frömmigkeit Jakobs, der die Stäbe in den Tränkrinnen abschälte.

7. Der König Salomo sprach: Wie schön bist du, Gemeinde Israel, wenn du auf dir das Joch meiner Herrschaft trägst, so oft ich dich wegen deiner Sünden mit Züchtigung

---

[1]) Cf. oben 4,5. Weber 346. [2]) Weber 139. [3]) שנן cf. 6,5 und Lev. 4,13. [4]) Deutung von עברין; cf. Weber 134 und Levy s. v. עבר. [5]) בה. [6]) Cf. zu 3,6 und den Midrasch zu unserer Stelle. [7]) שח [8]) Dan. 5,29. [9]) Esther 8,15.

strafe, und du sie mit Liebe hinnimmst, und sie dir wie Liebkosungen vorkommen; —

8. und wenn deine Priester ihre Hände zum Gebete ausbreiten und ihre Brüder, das Haus Israel, segnen, sie deren vier ausgebreiteten Hände den Palmschösslingen gleichen und ihr Wuchs der Dattelpalme; und wenn deine Versammlung Angesicht gegen Angesicht vor den Priestern steht und ihr Antlitz zur Erde niedergebeugt ist wie ein Traubenkamm.

9. Der HErr sprach in seinem Memra: Ich will hinaufsteigen und Daniel versuchen und sehen, ob er in dieser Versuchung bestehen kann, wie Abraham bestand, der dem Palmschösslinge gleicht, in 10 Versuchungen.[x] Und ich will auch Hananja, Misael und Asarja prüfen:[1]) wenn sie in ihren Versuchungen bestehen können, will ich um ihres Verdienstes willen das Volk Israel befreien, welches den Traubenkämmen gleicht. Und der Name Daniels, Hananjas, Misaels und Asarjas soll auf der ganzen Erde vernommen werden,[2]) und ihr Duft soll sich wie der Duft von Orangen des Gartens Eden verbreiten.

10. Daniel und seine Genossen sprachen: Wir wollen den Ratschluss des Memra des HErrn auf uns nehmen, wie unser Vater Abraham ihn auf sich nahm, der altem Weine gleicht; und wollen auf Wegen, die vor ihm recht sind, wandeln, wie die Propheten Elia und Elisa wandelten, um deretwillen die Toten aufstanden, die einem Schlafenden[3]) gleichen, und wie der Priester Ezechiel, der Sohn Busis, durch dessen Mundes Weissagung die schlafenden Toten im Thale Dura erweckt wurden.[4])

11. Jerusalem sprach: Alle Zeit, wo ich auf dem Wege des Herrn der Welt wandele, lässt er seine Schechina in meiner Mitte wohnen und trägt heisses Verlangen zu mir. Wenn ich aber von seinem Wege abweiche, nimmt er seine

---

[1]) Auf diese wird das Wort תמר gedeutet, weil sie wie Thamar Gen. 38,24 verbrannt werden sollten. Cf. Midrasch zu 7,8. [2]) Lies mit Montanus יפמרין. [3]) בשינן. [4]) Ezech. 37,1. Dan. 3,1; מרזז ist als „regsam machen" gedeutet; cf. ☞ ייצ und Midrasch z. St.

Schechina von mir und zerstreut mich unter die Völker, dass sie über mich herrschen, wie ein Mann über seine Frau herrscht.

12. Als das Volk Israel sich versündigte, liess der HErr sie ins Exil ins Land Seïr im Gebiete Edoms ziehen.¹) Die Gemeinde Israel sprach: Möchtest du doch, Herr des Weltalls, mein Gebet annehmen, wenn ich in den Orten ²) des Exils und den Ländern der Völker zu dir bete!

13. Die Israeliten sprachen zu einander: Lasst uns am Morgen früh aufstehen und zum Versammlungs- und Lehrhause gehen und im Buche des Gesetzes forschen, und sehen, ob die Zeit der Erlösung des Volkes Israel, das der Rebe gleicht, gekommen ist, dass sie erlöst werden aus ihrem Exile; und lasst uns die Weisen fragen, ob vor dem HErrn das Verdienst der Gerechten offen liegt, die von Geboten voll sind wie ein Granatapfel; ob das Ende gekommen ist, dass wir nach Jerusalem hinaufziehen, um dort dem Gotte des Himmels Preis darzubringen und Brandopfer und heilige Spenden zu opfern.

14. Und wenn es dem HErrn gefällt, sein Volk vom Exile zu erlösen, wird zu dem König Messias gesprochen werden: Das Ende des Exils ist da, die Verdienste der Gerechten sind mir angenehm wie Balsamduft, und die Weisen der Geschlechter, an die Thore des Lehrhauses geheftet, studieren die Worte der Bücher und des Gesetzes. Wohlan denn, empfange das Königtum, das ich dir verwahrt habe!

VIII. 1. Zu jener Zeit wird der König Messias der Gemeinde offenbart werden, und die Kinder Israel werden zu ihm sprechen: Komm mit uns als Bruder! Wir wollen nach Jerusalem hinaufziehen und mit dir die Sätze ³) des Gesetzes saugen, wie ein Säugling an der Brust seiner Mutter saugt. Denn die ganze Zeit, dass ich aus meinem Lande vertrieben war, verachteten mich selbst die Völker der Erde nicht, wenn ich des Namens des grossen Gottes gedachte und meine Seele für seine Gottheit hingab.

---

¹) Gen. 32,4. ²) אתרי. ³) פסוק „Satz". — Zur Sache cf. Weber 343.

2. Ich will dich führen, König Messias, und dich in mein Heiligtum bringen, damit du mich lehrest, den HErrn zu fürchten und auf seinem Wege zu wandeln. Dort werden wir den Leviathan zum Mahle verzehren [1]) und alten Wein, der seit dem Tage, da die Welt geschaffen ist, in seinen Trauben verborgen war,[2]) trinken und von den Granatapfelfrüchten, die den Gerechten im Garten Eden bereitet sind.[3])

3. Die Gemeinde Israel sprach: Ich bin die Auserwählte von allen Völkern, da ich Tephillin [4]) an meiner linken Hand und meinem Kopfe befestige und die Mezuza [4]) an die rechte Seite meines Thores genagelt ist, in dem meiner Oberschwelle zugewandten Drittel, so dass der Böse keine Macht hat, mir zu schaden.

4. Der König Messias wird sprechen: Ich beschwöre euch, mein Volk Israel, warum erregt ihr euch gegen die Völker der Erde, um aus dem Exile zu kommen, und warum empört ihr euch gegen die Heere Gogs und Magogs? Haltet doch ein wenig an euch, bis die Völker vernichtet sind, die eindrangen, um Jerusalem zu bekämpfen, danach wird der Herr der Welt sich für euch des Erbarmens gegen die Gerechten erinnern, und es wird ihm gefallen, euch zu befreien.

5. Der Prophet Salomo sprach: Wenn die Toten lebendig werden, wird der Ölberg sich spalten, und alle Toten Israels werden aus ihm hervorkommen; [5]) auch die Gerechten, welche im Exile gestorben sind, werden auf dem „Höhlenwege" im Innern der Erde [6]) kommen und aus dem Ölberge hervorgehen. Aber die Bösen, die im Lande Israel gestorben und begraben sind, werden fortgeworfen werden, wie jemand einen Stein mit einem Stocke fortschlägt. Dann werden alle Bewohner der Erde sprechen: Was war das Verdienst dieses Volkes, das in Myriaden Myriaden aus der Erde hervorkommt, gleich wie es damals aus der Wüste in das Land Israel kam, und sich der

---

[1]) Weber 195, 384 und Apoc. Baruch 29 4.   [2]) Sanh. 99 a.   [3]) Über die Beziehung des Gartens Eden zum messianischen Reiche cf. Weber 384.
[4]) Cf. Deut. 6 9, 11 20 nach Targ. Jer. u. Menach. 33 a. b. Hamburger, Real-Encyklopädie II 779 u. 1203.   [5]) Cf. Sach. 14 4 f.   [6]) Ausdeutung von Ezech. 37 12; cf. Kethub. 111 a, Weber 352.

Liebe seines Herrn erfreut, wie am Tage, wo es am Fusse des Berges Sinai erschien, um das Gesetz zu empfangen?[1] — Zu jener Stunde wird Zion, welches die Mutter Israels ist, ihre Kinder gebären[2] und Jerusalem wird die Exulanten in Empfang nehmen.

6. Die Kinder Israel sprechen an jenem Tage zu ihrem Herrn: Ach, lege uns doch wie eine Siegelringgemme an dein Herz, wie eine Siegelringgemme an deinen Arm, damit wir nicht wieder ins Exil geführt werden! Denn stark wie der Tod ist die Liebe zu deiner Gottheit und kräftig wie die Hölle der Eifer der Völker, die gegen uns eifern. Die Feindschaft, die sie gegen uns hegen, gleicht den Kohlen des Höllenfeuers, welches der HErr am zweiten Tage der Weltschöpfung schuf, um damit die Götzendiener zu verbrennen.

7. Der Herr der Welt spricht zu seinem Volke Israel: Wenn sich selbst alle Völker versammeln, die den so zahlreichen Wassern des Meeres gleichen,[3] so können sie doch meine Liebe nicht löschen und dir dadurch entziehen. Oder wenn sich alle Könige der Erde vereinigen, die den Wassern eines Flusses gleichen, der gewaltig dahinzieht, so können sie dich nicht aus der Welt löschen. Und wenn jemand all sein Vermögen hingibt, um im Exile ein Weiser zu werden, werde ich ihm in der kommenden Welt Doppeltes zurückerstatten, und alle Beute,[4] die sie von dem Heere Gogs erbeuten, wird ihm gehören.

8. Zu jener Zeit werden die Engel des Himmels zu einander sprechen: Nur ein Volk haben wir auf der Erde, und dessen Verdienste sind gering; es hat auch keine Könige und Machthaber, um zum Kampfe gegen die Heere Gogs aufzutreten. Was werden wir also mit unserer Schwester des Tages machen, wo die Völker davon reden, zum Kampfe gegen sie heraufzuziehen?

9. Michael, der Herr Israels,[5] wird sagen: Wenn sie (die Gemeinde) zwischen den Völkern zu einer Grundmauer ge-

---

[1] Cf. den Midrasch z. St. [2] Nach Jes. 54 1. [3] Jes. 17 2. [4] בז = בז. [5] Nach Dan. 12 1. Cf. Weber 165.

macht wird und Geld hergibt, um den einen Namen des Herrn der Welt zu erwerben, werden wir, ich und ihr, mit ihren Schriftgelehrten sie wie Steinschichten von Silber¹) umgeben. Dann haben die Völker keine Macht, über sie zu herrschen, gleichwie ein Wurm keine Macht hat, über Silber zu herrschen. Und wenn sie auch arm ist²) an Geboten, werden wir Gott um Erbarmen gegen sie bitten, und er wird ihr des Verdienstes des Gesetzes gedenken, welches schon die Säuglinge studieren, welches auf die Tafel des Herzens³) geschrieben ist. Dann ist sie zum Empfange der Völker vorbereitet wie eine Ceder.

10. Die Gemeinde Israel antwortet und spricht: Ich bin durch die Worte des Gesetzes stark wie eine Mauer, und meine Söhne sind kräftig wie ein Turm. — Zu jener Zeit wird die Gemeinde Israel in den Augen ihres Herrn Erbarmen finden; und alle Erdenbewohner werden Segen wünschen.

11. Ein Volk, das einem Weinberge gleicht, zog zu dem Besitze des Herrn der Welt, bei dem Friede ist, hinauf. Er liess es in Jerusalem wohnen und übergab es den Königen aus dem Hause Davids, dass sie es bewachten, wie ein Pächter einen Weinberg bewacht. Als Salomo, der König von Israel, starb, hinterliess er es seinem Sohne Rehabeam. Da kam Jerobeam, der Sohn Nebats, teilte mit ihm das Königreich und entzog ihm die zehn Stämme nach dem Worte Ahias von Silo, der ein grosser Mann war.⁴)

12. Als Salomo, der König von Israel, die Weissagung des Ahia von Silo hörte, wollte er ihn töten. Ahia⁵) aber floh vor Salomo und ging nach Ägypten. Zu jener Stunde wurde dem König Salomo durch eine Prophetie gesagt, dass er zwar alle seine Tage über die 10 Stämme herrschen würde; aber nach seinem Tode würde Jerobeam, der Sohn Nebats, über sie herrschen, und Rehabeam, der Sohn Salomos, würde nur über die beiden Stämme Juda und Benjamin herrschen.

---

¹) Cf. Targum zu הצירות Ezech. 46,23. ²) דלה von דלל abgeleitet.
³) Prov. 3,3. Jer. 17,1. ⁴) 1 Reg. 11,29. ⁵) Verwechselung mit Jerobeam 1 Reg. 11,40.

13. Salomo spricht am Ende seiner Weissagung: Der Herr der Welt wird am Ende der Tage zu der Gemeinde Israel sagen: Du Gemeinde Israel, die du im Verhältnis zu den Völkern einem kleinen Garten gleichst, und die du im Lehrhause bei den Kollegen [1]) des Synedriums sitzest, während die übrigen des Volkes auf die Stimme des Oberhaupts der Akademie horchen und von seinem Munde seine Worte lernen: lass mich das Gesetz, die Stimme deiner Worte, hören, während du dasitzest, schuldfrei und schuldig zu sprechen, so werde ich allem, was du thust, beistimmen.

14. Zu jener Stunde werden die Greise der Gemeinde Israel sprechen: Flieh, mein Geliebter, Herr der Welt, von dieser verunreinigenden Erde, und lass deine Schechina im Himmel der Höhe [2]) wohnen! Und zur Zeit unserer Bedrängnisse, wo wir zu dir beten, gleiche der Gazelle, die während des Schlafes ein Auge geschlossen und eins offen hat; oder dem Hirschkalbe, das während der Flucht zurückschaut! So achte auf uns und sieh vom Himmel der Höhe herab auf unsere Schmach und Qual, bis zur Zeit, wo du dich uns gnädig erweist und uns errettest, und uns auf den Berg Jerusalems führst, damit die Priester dort vor dir wohlriechende Räucherung [3]) darbringen!

———

Eine Charakteristik des Targums braucht kaum noch gegeben zu werden. Es ist nicht eine mehr oder weniger wörtliche Übersetzung, auch keine Umschreibung, sondern ein Midrasch, der sich freilich genau an die Wortfolge anschliesst. Von dem Grundsatze aus, dass das HL die Liebe Gottes zu seinem auserwählten Volke und die des Volkes zu seinem Gotte feiert, werden die einzelnen Verse, ja die einzelnen Worte aus dem Gange der Heilsgeschichte erklärt und auf diese bezogen. Die allegorische Auslegung ist also historisch orientiert. Zunächst wird zu 1,1 das HL in die Reihe der andern Lieder des AT gestellt. Dann wird bis 3,6 auf das grundlegende Ereignis in der Heilsgeschichte, die Befreiung aus

---

[1]) חברין.   [2]) שמי מרומא על cf. den Midrasch z. St.   [3]) בוסמין.

Ägypten und die Gesetzgebung Bezug genommen. Dass dies fast die Hälfte des Targums ausmacht, beruht einerseits auf der in der talmudischen Theologie wie im AT vielfach hervorgehobenen Bedeutung dieses Ereignisses (cf. Weber p. 50), anderseits aber auch wohl darauf, dass das Buch am Passahfeste im Gottesdienste verlesen wurde. Aber die Wahl dieser Festrolle für das Passahfest beruhte selbst auf dieser Deutung und Auslegung: welches Buch war passender, der Gemeinde die Bedeutung des Festtages ans Herz zu legen, als das in dieser Weise allegorisch ausgelegte HL? — Nachdem schon 1 17 auf Salomo hingewiesen war, wird dann besonders sein frommes Werk, der Tempelbau gefeiert 3 7—5 1; es war das auch durch die Abfassung von Salomo nahe gelegt. Dann folgt das erste Exil und die Befreiung aus demselben, die Erhebung unter den Hasmonäern und das zweite Exil 5 2—7 13. Und endlich wird mit besonderer Wärme am Schlusse auf den letzten Kampf gegen die Heidenwelt und die endliche Herrlichkeit eingegangen. 7 14—8. Wie der Gang der Geschichte die Auslegung beeinflusst hat, zeigt besonders die verschiedene Auslegung der gleichartigen Abschnitte, z. B. 3 3 und 5 7.

Wie alt die einzelnen Auslegungen seien, ist im allgemeinen nicht zu entscheiden; doch ist bemerkenswert, dass die im Targum zu 1 12 gegebene Erklärung im Midrasch ausdrücklich als eine aus dem Exile stammende Überlieferung bezeichnet wird.

Der Midrasch Schir rabba.

Es gibt mehrere Midrasche zum HL;[1]) der älteste und

---

[1]) Gedruckt sind noch der Midrasch Zōṭā (ed. S. Buber, Berlin 1894) und neuerdings ein in einer Geniza zu Kairo gefundener Midrasch zum HL (ed. L. Grünhut, Jerusalem 1897).

wichtigste ist der שִׁיר רַבָּה מִדְרַשׁ, nach dem am Anfange citierten Worte aus Prov. 22,29 auch מִדְרַשׁ חֲזִיתָ genannt. Vergl. über ihn Zunz 274 f., Salfeld 14 ff., und Wünsche in der Einleitung zu seiner Übersetzung in der Bibliotheca rabbinica. Lieferung 6. 7.

Dieser Midrasch bildet einen Teil der grossen, seit dem Ende des 13. Jahrhunderts unter dem Titel מִדְרַשׁ רַבָּה zusammengefassten Midraschsammlung, welche die Thora und die 5 Megilloth umfasst. Rabba ist ursprünglich Beiname des R. Hoschaja, dem die ganze Sammlung zugeschrieben wurde; später wurde es als Attribut zu den Namen der einzelnen Bücher gefasst. Die Sammlung ist nicht als einheitliches Werk entstanden, sondern die Midrasche zu den einzelnen Büchern stammen aus verschiedenen Jahrhunderten. Der uns speziell interessierende zum HL wird im Aruch s. v. פסק, von Raschi im Kommentar zum HL und von Qimchi s v מִי citiert; wahrscheinlich auch schon in der, nach ihrem Selbstzeugnis um 850 verfassten פְּסִקְתָּא רַבָּתִי benutzt (Zunz p. 255. Salfeld p. 15). Ergibt sich daraus der terminus ad quem der Abfassung, so folgt der terminus a quo aus der häufigen Benutzung des jerusalemischen Talmuds, der Midrasche Bereschith rabba und Vajiqra rabba, und der Pesiqta des Rab Kahana. Man wird also nicht fehlgehen, wenn man die Abfassung in das achte Jahrhundert oder den Anfang des neunten setzt.

Während der Targum eine durch die historische Allegorik bestimmte einheitliche Auslegung enthält, ist dagegen unser Midrasch eine Zusammenstellung sämtlicher Auslegungen, die dem Verfasser bekannt waren. Zu jedem Verse werden die allgemeiner rezipierten Auslegungen der Rabbinen, wie die Ansichten einzelner Chakamim angeführt. In diesem Mosaik geht natürlich der einheitliche Charakter völlig verloren, und die allgemeine atomistische Neigung des späteren Judentums, nur das einzelne Wort, das kleinste Teilchen der göttlichen Offenbarung in seinen Forschungsbereich zu ziehen, nicht die grossen Zusammenhänge und Grundgedanken, tritt um so deutlicher und peinlicher hervor. Der moderne Leser mag sich an einzelnen treffenden Bemerkungen wohl erfreuen; aber der allgemeine Charakter dieses wirren Durcheinanders wird ihn abstossen. Gegenüber dem Targum erscheint der Midrasch auch viel mehr vom talmudischen Geiste beeinflusst. Das mag darauf beruhen, dass ersterer eine populäre Auslegung geben will, während letzterer einen gelehrteren Anstrich hat; aber auch wohl darauf, dass der Midrasch jünger ist. Natürlich kann man bei dem eben skizzierten Charakter des Werkes von einer bestimmten Auslegung des HL in demselben nicht reden. Den allgemeinen Grundzug kennzeichnet das Wort R. Jehudas zu 1 12: „Das HL wird nicht zur Schande, sondern zum Ruhme Israels gedeutet." Diese Interpretationsdirektive wird gegen R. Meir geltend gemacht, welcher durch eine Überlieferung aus dem Exile geleitet die übelriechende Narde auf das goldene Kalb bezog, eine Auslegung, die auch im Targume steht. Beide Gelehrten erscheinen auch an andern Stellen als Antagonisten, cf. zu 2 4.

Als Ruhmeslied Israels ist das HL nach R. Simeon bar Abba das Lied der Lieder, das vorzüglichste der Gesänge, „dasjenige Lied, in welchem Gott uns preist und wir ihn preisen" f. 3ᵈ. Daher gilt als allgemeine Regel, unter dem König Salomo Gott, unter der Braut die Gemeinde zu verstehen. Salomo ist der König, dem der Friede gehört, שלמה = המלך שהשלום שלו f. 2ᵃ. Zwar machen einzelne Rabbinen einen Unterschied bei den einzelnen Stellen, je nach der verschiedenen Bezeichnung Salomos: f. 2ᵃ: „Überall, wo in dieser Rolle מלך ohne Hinzufügung des Namens „Salomo" steht, ist Gott darunter zu verstehen." Andere wieder sagen f. 2ᵃ: „Auch da, wo das Wort מלך in Verbindung mit dem Namen „Salomo" vorkommt, geht es auf den Allerhöchsten, dem der Friede gehört שהשלום שלו; dagegen ist מלך ohne Beifügung des Namens auf die Gemeinde Israel zu beziehen." Aber diese Unterscheidung wird keineswegs befolgt: die Beziehung auf Gott kann als die ausnahmslose Regel betrachtet werden.[1])

---

[1]) Der Traktat Sopherim V 17 entscheidet so, dass im HL alle Namen „Salomo" heilig sind ausser 3 7; bemerkt jedoch, dass andere auch 8 12 für profan ansehen (cf. Targum).

Im einzelnen ist die Auslegung sehr mannigfaltig: alle Zeiten und geschichtlichen Lagen des Volkes Israel kann man in einer Stelle angedeutet finden. Am meisten wird auf den Auszug aus Ägypten, die Gesetzgebung, die Befreiung aus dem Exil und die Herrlichkeit der Endzeit Bezug genommen, auf die letztere, wie im Targum, besonders am Schlusse. Eine Regel über die Anwendung dieser verschiedenen Gesichtspunkte gibt es nicht; jeder Gelehrte zieht zu einem Verse diejenige Situation heran, die ihm gerade passend erscheint. Mit Unrecht hat man dieses Gemisch dadurch auflösen wollen, dass man unsern Midrasch als eine Zusammenarbeitung vier einzelner Midrasche auffasste, die je einen andern Geschichtsabschnitt zur Allegorisierung verwendeten, den Auszug, die Gesetzgebung, den Bau des Stiftszeltes und den des Tempels. Wer das versucht, verkennt, dass die Auslegung der verschiedenen Rabbinen nicht durch grosse Gesichtspunkte bestimmt ist, sondern durch einzelne Anknüpfungspunkte, wie sie der Wortlaut des einzelnen Verses oder die Ähnlichkeit des Gedankens mit einer anderen Stelle darbot.

Ein sehr auffallendes Resultat ergibt eine ins einzelne gehende Vergleichung mit dem Targum. Da beide Schriften ungefähr aus derselben Zeit stammen und beide auf Palästina als ihre Heimat weisen, sollte man eine weitgehende Übereinstimmung zwischen ihnen vermuten. Um so mehr frappiert die Beobachtung, dass sie fast durchweg eine verschiedene Auffassung zeigen. Natürlich sind einzelne Übereinstimmungen vorhanden, besonders in den ersten Versen und bei der Beziehung auf den Auszug aus Ägypten — es sind mehrere bei der Übersetzung des Targums notiert —. aber z. B. im 5. und 6. Kapitel ist auch nicht eine irgendwie bedeutende Gleichheit der Erklärung zu finden. In den langen Auseinandersetzungen und vielfach verschiedenen Meinungen der Rabbinen, die der Midrasch anführt, fehlt gerade die Deutung des Targums, obwohl sie oft viel näher liegt. Auch ein Versuch, die Auslegung des Targums mit denen der einzelnen Rabbinen, die der Midrasch citiert, zu vergleichen, blieb ohne Ergebnis. Diese Differenz lehrt, dass es eine offiziell sanktionierte Auslegung des HL im einzelnen nicht gegeben hat. Fest stand nur der Grundsatz: Das HL ist auszulegen als ein Lied, in welchem Israel Gott und Gott Israel preist. Jede Auslegung, die diesen Gesichtspunkt festhält, ist richtig und gültig; denn das Gotteswort hat nicht einen Sinn, sondern unendlich viele; auf das ganze Gebiet der heiligen Geschichte und des Gesetzesstudiums ist es zu beziehen. „Daher suchet in der Schrift: es ist alles darin!" (Pirqe Aboth.)

Anhang:

Die jüdische Exegese des Mittelalters.

Über die spätere jüdische Exegese hat Salfeld eingehend berichtet. Das HL ist viel kommentiert worden, denn „in der Erklärung desselben legte der Weise seine Weisheit, der Kabbalist seine Kabbala, der Theologe seine Theologie und der Philosoph seine Philosophie nieder". Salfeld unterscheidet 4 Richtungen der Exegese:

1. die synagogale allegorische, wie sie aus dem Targum und Midrasch bekannt ist, vertreten durch Saadja el Fajjumi † 941, Tobia ben Elieser ca. 1100, Raschi † 1105, Raschbam † 1153, Ibn Esra † 1167. Je später, desto mehr gehen diese Kommentare auch auf die Worterklärung und die einfache Auffassung ein. Grätz hat dem B. Esra sogar vorgeworfen, ihm sei es nur mit dieser Ernst; die allegorische Erklärung sei bei ihm eine heuchlerische und feige Anpassung an die herrschenden Vorstellungen.

2. die philosophische, welche das HL auf das Verhältnis des Menschen zum $νοῦς\ ποιητικός$ bezieht, eine Richtung, der unter den christlichen Exegeten wohl am meisten Bar Hebraeus ähnelt. Vertreter derselben sind: Joseph b. Aknin, ein Schüler des Maimonides, ca. 1180, Mose b. Tibbon, ca. 1250, und Immanuel b. Salomo ca. 1300. Vergleiche auch das Bruchstück, das Friedländer in der „Festschrift zum 80. Geburtstage M. Steinschneiders, Leipzig 1896", hebr. Abteilung p. 49—59 herausgegeben hat.

3. Einen kabbalistischen Komm. zum HL schrieb Eleasar ben Jehuda aus Worms ca. 1200; derselben Richtung gehört auch der in einem Supplemente zum Sohar niedergelegte Komm. zum HL an, der als zweiter Teil des חדש זהר oft gedruckt ist.

4. Von der rationalistischen Erklärung, welche das HL als profan-erotisches auffasst, erfahren wir meist nur aus der Polemik anderer Schriftsteller. Doch muss sie verbreitet gewesen sein, denn Bar Hebraeus nennt als zweite jüdische Erklärung neben der allegorischen die auf die Sunamitin Abisag (cf. unten). Ein sehr mässiges Beispiel dieser Exegese aus der nordfranzösischen Exegetenschule des 13. Jahrhunderts ist neuerdings ediert worden (in der oben citierten „Festschrift" p. 164—185).

Alle diese Richtungen sind jedoch auf die christliche Exegese von gar keinem oder geringem Einflusse gewesen. Dagegen beruht auf der im Targum niedergelegten Erklärung die älteste christliche Exegese des HL. Dass Targum und Midrasch auch sonst mehrfach auf die christliche Exegese und nicht bloss im Neuen Testamente eingewirkt haben, ist bekannt; vielleicht ist aber kein Beispiel dafür so instruktiv wie die Übertragung der jüdischen Deutung des HL auf Christus und die Kirche, wie sie uns jetzt die älteste christliche Exegese bei Hippolyt und Origenes zeigen wird. Dass diese Deutung nicht etwa auf Grund alt- und neutestamentlicher Anschauungen von den Christen selbständig gefunden ist, wird bei Hippolyt durch die Polemik gegen die Juden angedeutet, bei Origenes aber durch die Deutung des Titels und die frappante Übereinstimmung in der Aufzählung der Lieder des AT, unter denen das HL das höchste ist, bewiesen (cf. darüber den Exkurs unten). Betrachten wir jetzt diese älteste christliche Exegese des HL näher.

Hippolyt.

Hippolyt ist der erste christliche Exeget des HL. Denn die Vermutung Zahns, dass schon vor ihm der Apologet Theophilus von Antiochien einen Komm. zum HL geschrieben habe, ist unbegründet (cf. unten S. 101 f.); und der Kommentar des Irenäus, aus dem eine syrische Handschrift einen Abschnitt zu bringen behauptet, wird auf irgend einem Missverständnisse beruhen.[1])

Dass nun Hippolyt eine Schrift über das HL verfasst hat, steht zwar nicht in dem Schriftenverzeichnis der Statue; wir wissen es jedoch mit Sicherheit aus Euseb. (HE VI 22: εἰς τὸ ᾆσμα) und Barhebraeus (cf. u. S. 84.). Es findet sich auch in den „Fragen und Antworten" des Anastasius Sinaita, † 599, Frage 41 ein Citat mit dem Lemma Ἱππολύτου ἐκ τοῦ εἰς τὸ Ἄσμα τῶν ᾀσμάτων (Bonwetschs Ausgabe p. XX), das aus der Einleitung eines Kommentars zum HL zu stammen scheint. Für diesen Kommentar sind nun auch verschiedene Fragmente in Katenen zum HL, die den Namen des Hippolyt tragen, in Anspruch genommen worden. So aus syrischen Katenen Fragmente zu 2 8 und 4 16 mit der Ueberschrift: „Von Hippolyt aus der Erklärung des HL". Ferner hat Bonwetsch aus drei slavischen Handschriften, die eine Katene zum HL nach Philo von Carpasia, Hippolyt „dem Papste von Rom" und dem heiligen Gregor (von Nyssa) enthalten, die den Namen des Hippolyt tragenden Abschnitte erstmalig in deutscher Übersetzung heraus-

---

[1]) In dem syrischen Kodex des Britischen Museums Addit. 17194 findet sich ein Fragment mit der Überschrift: „Vom heiligen Irenäus, Bischof von Lugdunum, aus der ersten Erklärung des HL." Aber in dem Fragmente wird auf das HL nirgends Bezug genommen, und die Existenz eines HL-komm. des Irenäus, von dem man sonst nichts weiss, kann damit nicht bewiesen werden. Cf. Harvey II 455, Harnack, Litt.-Gesch. I 286.

gegeben. Pitra gab ein armenisches Fragment zu 3 1-4 heraus, das überschrieben ist „Des seligen Hippolyt aus Bostra. Aus der Auslegung des Hohenliedes", und mit dem betreffenden Abschnitte der slavischen Katenen grösstenteils übereinstimmt. Endlich trägt eine armenische Erklärung von HL 1 5—5 1 in einer Handschrift von 1698 den Namen Hippolyts. Alle diese Fragmente sind von Bonwetsch in der Berliner Ausgabe der griechischen Kirchenväter Bd. 1, Leipzig 1897, p. 341—374 zusammengestellt worden. Aber er selbst bemerkt, dass das letzte armenische Fragment unecht ist (p. XX): schon der abweichende Inhalt der echten Fragmente beweist das. Überhaupt scheint, nach einzelnen Worterklärungen zu urteilen, diese Schrift gar keine Übersetzung aus dem Griechischen zu sein. Dagegen wird die Echtheit der meisten slavischen Fragmente durch die Übereinstimmung mit den syrischen und dem ersten armenischen Fragmente und durch die Deutung von 2 8 bei den lateinischen Erklärern des HL (347 A) bestätigt. Eine andere Frage ist jedoch, ob die Abschreiber die einzelnen Abschnitte immer genau den richtigen Verfassern zugeschrieben haben. Bekanntlich darf man sich in dieser Beziehung auf die Katenen nie verlassen, und es ist nicht unbedenklich, aus der Übereinstimmung der Hippolytfragmente mit der Erklärung bei Philo von Carpasia auf eine Abhängigkeit des letzteren von Hippolyt zu schliessen (Bonwetsch XXIII, „Studien" p. 8. 9. 16. 55), da ja jene Katene auch Philo von Carpasia ausgeschrieben hat (cf. ferner S. 79).

Es ist nun sehr zu bedauern, dass uns von diesem ältesten Komm. zum HL nur Fragmente und Exzerpte erhalten sind. Die ausführlicher erhaltenen Erklärungen von 2 8, 2 15 und 3 1—7 mit ihrem lebhaften und homiletischen Charakter zeigen, wie der Komm. etwa geartet war; aber die kurzen Scholien zu den übrigen Versen lehren uns die HL-Exegese des Hippolyt nicht so genau, wie die späterer Griechen, kennen.

Das griechische Fragment, p. 343, gibt eine Erklärung der Überschrift Ἄσμα ᾀσμάτων. In diesem einen Liede hat Salomo den Inhalt aller seiner 5000 Lieder, 1 Reg. 4 32, zusammengefasst. Mit Recht haben daher die Gelehrten des Hiskia,

Prov. 25 1, ebenso wie sie unter den 3000 Sprüchen eine auf die Erbauung der Gemeinde berechnete Auswahl trafen, auch aus jener Fülle von Liedern dieses als das wichtigste und erbaulichste ausgewählt.[1]) Der königliche Bräutigam des Liedes 1 4 ist Christus, der vom Himmel auf die Erde herabkam und dann wieder zurückkehrte, 347, aber noch jetzt auf Erden weilt in der Predigt seines Evangeliums, 348. Die Braut ist die Kirche, die Genossin Christi, 356 1, das wahre Israel, 345 11, das nicht wieder mit den Häresien der Juden bekleidet werden will (cf. Bonwetsch, Studien zu den Kommentaren Hippolyts, TuU, Neue Folge I, 2 1897, p. 55). Diese Kirche ist schön, nicht an sich selbst, sondern durch das Bad der Wiedergeburt und den Abglanz von dem schönsten der Menschenkinder, 345 17, 346 18, und ihre Stimme ist süss, 349 9, weil sie Christum bekennt. Dagegen wird der Vorwurf, der in 1 8 liegt, auf die ungläubige jüdische Gemeinde bezogen, die dadurch, dass Christus sie verlassen hat, eine Waise geworden ist, 345 7—9. Erkennt sie die Schönheit nicht, die sie von ihrem Herrn empfangen hat, so soll sie von der Herde herausgehen und die Seelen ihrer sündigen Kinder (die Böcke) unter den Heiden weiden, zerstreut unter die Reiche der Könige der ganzen Welt ($\dot{\epsilon}\pi\dot{\iota}$ $\sigma\varkappa\eta\nu\omega\mu\alpha\sigma\iota$ $\tau\tilde{\omega}\nu$ $\pi o\iota\mu\dot{\epsilon}\nu\omega\nu$). Denn das ungläubige Israel gehört nicht zu den Schafen Jakobs, sondern zu denen Labans. Die Braut ist also die gläubige Beschneidung 346 21, die Altes und Neues Testament, Gesetz und Evangelium in sich vereinigt, 346 14, 344 5. 15. Denn das A. T. ist nicht abrogiert, sondern seine Gesetze sind in das N. T. aufgenommen und nun zum Gesetze der Gebote des Evangeliums geworden, 343 3—6; daher werden die Brüste der Braut, zwischen denen der Bräutigam ruht, 1 13, auf die beiden Testamente bezogen, deren Mittler Christus ist (cf. Bonwetsch, Studien p. 41). Aber zu der falschen

---

[1]) Origenes bekämpft diese Deutung des Titels, cf. unten S. 56. Sie findet sich jedoch auch bei Theodoret, S. 87, und Ambrosius, in Ps. argument. (Parisiis 1632, p. 652). — Bekanntlich hat auch nach B. Bathra 14b das hiskianische Kollegium das HL geschrieben, d. h. wohl, in redigierter Form in die Kanonhandschriften gebracht.

Synagoge, die nur das Gesetz anerkennt und das Evangelium verwirft, steht die Kirche im Gegensatz, 355 26. Diese Polemik gegen die Juden scheint mir noch darauf hinzuweisen, dass die Deutung auf die christliche Kirche an die jüdische Deutung auf das Volk Israel angeknüpft hat.

Es widerspricht dieser Deutung der Braut auf die Kirche nicht, wenn wir 352 13—355 3 die Deutung auf Eva und 350—352 die schöne Anwendung von 3 1—4 auf die beiden Frauen [1]) finden, die in der Nacht zum Grabe Jesu gingen. [2]) Denn Eva repräsentiert hier dem neuen Adam gegenüber die Kirche, sowie sie auch in den beiden Frauen redet, 353 18: durch sie wird Eva ein Apostel, eine wahre Gehilfin Adams, 354 11.

Unter den Einzelheiten der allegorischen Erklärung ist besonders die Deutung des „springenden Wortes" 2 8 interessant, weil sie durch Gregor den Grossen eine weite Verbreitung gefunden hat (cf. Bonwetsch, in der Ausgabe Hippolyts p. XXIV, Studien p. 8). Bemerkenswert ist auch die Deutung der 60 Helden 3 7 auf die 60 Väter von Adam bis Christus, „wie der Evangelist Matthäus geschrieben hat". Ebenso versteht Hippolyt in seinem Danielkomm. die 60 Ellen, welche das Bild des Nebukadnezar hoch war, 3 1. Die Zahl 60 für die Väter ist so gefunden, dass zu den 40 Geschlechtern, die Matthäus nennt, die 20 Ahnen Abrahams, Luk. 3 34—38, hinzuaddiert sind.

In der exegetischen Methode ist es auffallend, wie Hippolyt den Kanon befolgt, dass die Schrift sich selbst erkläre, indem er zum Verständnis eines einzelnen Worts aus der ganzen Bibel die Stellen zusammenträgt, die zur Erläuterung dienen können. So bringt er zu 3 7 alle Stellen der Bibel herbei, die von einem Bette sprechen. Ebenso verfährt er bei der allegorischen Deutung der Tiere. Zur Erklärung der Füchse 2 15, 350 1 werden die Füchse Simsons, der Ver-

---

[1]) Hipp. nennt sie Maria und Martha; ist das Verderbnis der Überlieferung oder ein Versehen Hippolyts? [2]) Cf. Cyrill, bei Procop. MSG 87. col. 1620; Ambrosius, de Isaac et anima cap. 5 (Parisiis 1632 col. 282) Rufinus in symbolum cap. 30 p. 92 (MSL XXI. 366) und Vulgata, Cod. Amiat. vor Cant. 3 1: Vox Mariae Magdalenae.

gleich des Herodes mit einem Fuchse und die Stellen Thr. 5 18 und Ezech. 13 4, auch die Wölfe Matth. 7 3 herangezogen. Daraus ergibt sich dann, dass die Füchse die Häretiker bedeuten, die, solange sie noch klein sind, gefangen werden sollen, damit sie nicht den Weinberg des Herrn verderben. Wenn Simson ihnen Fackeln an die Schwänze bindet, so ist das eine Andeutung des Endgerichts, wo die Häretiker mit Feuer verbrannt werden (cf. Bonwetsch, Studien p. 61). Die Böcke 1 8 sind natürlich die Sünder und die ungläubigen Israeliten; die Lilie 2 2 dagegen die Gerechten, deren christlicher Glaube unter den Dornen des Lebens Matth. 13 7 aufsprosst. Am seltsamsten berührt uns die Anwendung von Deut. 14 5. 6 auf den Hirsch=Christus. Die frappante Übereinstimmung mit Origenes (Lomm. XV 83 n. 2 85) in der Deutung der Füchse beruht wohl nicht auf irgend einer Abhängigkeit, sondern auf der Übereinstimmung in der exegetischen Methode, die zu gleichen Ergebnissen führte. Doch könnte Hippolyt schon einen Physiologus gekannt haben.

Wenn Barhebräus (unten p. 84) sagt, Hippolyt habe das HL auf die nach der göttlichen Gemeinschaft dürstende Seele gedeutet, so darf man daraus nicht schliessen, dass in den uns nicht erhaltenen Stücken des Komm. diese Auffassung mehr betont gewesen sei. Barhebräus will durch diese Charakteristik, die für Gregor von Nyssa durchaus stimmt, nur die Erklärung des Hippolyt als eine allegorische der buchstäblichen und historischen des Theodor von Mopsuestia gegenüberstellen.[1]) Die Reste des Komm. zeigen vielmehr, dass die Deutung des HL bei Hippolyt eine christliche Umdeutung der jüdischen auf Gott und die Gemeinde ist, wie Hippolyt ja auch sonst über die Juden und ihren Kanon unterrichtet war (Danielkomm. p. 23). Homiletische Anwendungen auf den ein-

---

[1]) Dass Barhebräus den vollständigen Kommentar des Hipp. noch gekannt habe, ist mir sehr zweifelhaft: wie hätte er ihn dann mit seiner eigenen Erklärung, die ganz mit den Schulbegriffen der aristotelischen Philosophie operiert, gleichstellen können? Er teilt ja auch nur die Erklärung Hippolyts von 3 7 mit, und diese kannte er wohl durch irgend eine Katene.

zelnen Christen (cf. zu 1 ₂) widersprechen dem nicht. Dagegen ist die durchgehende individuelle, „mystische" Deutung erst eine Schöpfung des Origenes. Aber die allegorische Methode, wie sie Origenes befolgte, findet sich hier schon dem Wesen nach vor, wenn auch noch nicht so schematisch ausgebildet, auch nicht so geistvoll angewandt, wie bei dem grossen Alexandriner. Mit Recht durfte aber Th. Zahn (Bonwetschs Ausgabe p. XXI) den „frischen Predigtton" dieser Erklärungen rühmen. Nach dem armenischen Stücke, 355 ₂₈, scheint es sogar, als ob der Komm., oder einzelne Teile desselben, aus Homilien entstanden sei; p. 350—355 wäre dann eine Homilie zum Osterfeste über 3 ₁₋₄ (cf. Bonwetsch, Studien p. 81). Ebenso könnte 359 ₅ der Schluss einer anderen Homilie sein. Aber der Schluss des armenischen Stückes kann auch durch einen späteren Gebrauch veranlasst sein, so gut sich anderseits auch das Fehlen dieses Schlusses in den slavischen Katenen erklären liesse.

Bekanntlich ist die Kunde von der historischen Persönlichkeit des Hippolyt in der Kirche fast verschollen; so hat sich auch von seinem HL-Komm. nur weniges erhalten; auch die späteren sicheren Spuren seiner Kenntnis sind gering, und manches, was Bonwetsch (Studien p. 10 ff.) anführt, erklärt sich aus Origenes. Dennoch sind diese Fragmente von Bedeutung. Sie zeigen, dass seit Beginn des dritten Jahrhunderts das HL anfängt, in seiner neuen Deutung ein Lieblingsbuch der Kirche zu werden.

Origenes.

Origenes hat drei Schriften zur Erklärung des HL verfasst:
1. Schon in der Jugend verfasste er eine kleine Schrift über das HL in zwei Büchern, aus der uns ein kurzes Frag-

ment im 7. Kap. der Philokalie erhalten ist. Es bespricht die wichtige und schwierige Frage, wie die einzelnen Sätze auf die verschiedenen Personen zu verteilen sind.[1])

2. Ferner besitzen wir zwei von Origenes selbst aufgezeichnete[2]) Homilien zum HL, die erste 1 1–11, die zweite 1 12—2 14 behandelnd, die der täglichen Predigt vor Getauften und Ungetauften entstammen — daher der häufige Hinweis auf die noch nicht völlig gereiften Schüler — und vor das Jahr 244 fallen. Sie sind uns erhalten in einer dem Papste Damasus gewidmeten, sehr geschmackvollen Übersetzung des Hieronymus. Hieronymus wollte mit der Übersetzung dieser kürzeren Erklärung das Interesse des Papstes für das grössere Werk des Origenes über das HL erwecken: denn können schon diese wenigen Ausführungen so gefallen, wie herrlich muss dann erst der grosse Kommentar sein, in dem Origenes, der in seinen übrigen Werken schon alle übertrifft, sich selbst übertroffen hat.[3])

3. Damit sind die 10 Bücher ἐξηγητικά (ca. 20000 Stichen) gemeint, die Origenes nach seinem 55. Jahre (240 D) verfasst hat. Die ersten 5 Bücher fallen in die Zeit seines Aufenthalts in Athen, die übrigen sind in Caesarea geschrieben (Eus. H.E. VI 32 2 γενόμενος δὲ τηνικάδε ἐν Ἀθήναις περαίνει μὲν τὰ εἰς τὸν Ἰεζεκιήλ, τῶν δ' εἰς τὸ ᾆσμα τῶν ᾀσμάτων ἄρχεται, καὶ πρόεισί γε αὐτόθι μέχρι τοῦ πέμπτου συγγράμματος. ἐπανελθὼν δ' ἐπὶ τὴν Καισάρειαν καὶ ταῦτα εἰς πέρας δέκα ὄντα τὸν ἀριθμὸν ἄγει). Erhalten sind uns der einleitende Prolog, die drei ersten und ein Teil des vierten Buches (I. 1 2–4 II. 1 5–14, III. 1 15—2 10, IV. 2 10–15), Lomm. XIV 287 bis XV 90,

---

[1]) Lommatzsch XIV 233f. The Philocalia of Orig., ed. J. A. Robinson, Cambridge 1893 p. 50: VIII. Περὶ τοῦ ἰδιώματος τῶν προσώπων τῆς θείας γραφῆς. ἐκ τοῦ εἰς τὸ ᾆσμα μικροῦ τόμου, ὃν ἐν τῇ νεότητι ἔγραψεν. Nach dem Verzeichnis des Hieronymus (ed. E. Klostermann, SBAW 1897 No. 39) z. 72—74: In Canticum Canticorum libros X et alios thomos II, quos insuper scripsit in adolescentia.

[2]) Cf. Redepenning, Origenes, Bd. 2 p. 61 n 6, 254.

[3]) Dies Wort wurde berühmt; cf. Rufin, Prol. in Orig. de princ. p. 38, und Hieronymus, ep. 84 7.

in einer lateinischen Übersetzung, die nach einer Stelle in Cassiodors lib. de divin. lect. c. 5 von Rufin herrührt. Bei der Übersetzung dieses Werkes ist Rufin, wie auch sonst, sehr frei verfahren. Wo es für das Verständnis des lateinischen Lesers nötig ist, macht er Zusätze, cf. XV 11, 27, 32, 81; sonst aber hat er vielfach gekürzt und besonders die wertvollen Mitteilungen hexaplarischer Lesarten fortgelassen, die dieser Kommentar nach dem Prologe des Hieronymus zur Übersetzung der zwei Homilien und nach dem Auszuge des Procop enthielt. Dass die Übersetzung des Rufin gerade so weit reicht, wie die von Hieronymus übersetzten zwei Homilien, nämlich bis 2 15, ist wohl nicht zufällig. — Von dem griechischen Urtexte ist ein kurzes Fragment aus dem zweiten Buche am Ende der Philokalie (cap. 27, Robinson p. 255) erhalten. Es zeigt, wie frei die Übersetzung des Rufin zum Teil ist. Die verloren gegangenen $6\frac{1}{2}$ Bücher werden nur kümmerlich durch die in Procops Katene zum HL erhaltenen Auszüge aus denselben ersetzt. Die kurzen Notizen, die er gibt, sind nicht geeignet, ein Bild von der gedankenreichen und gerade durch die vielfache Verkettung des Schriftworts so interessanten Exegese des Origenes zu geben. Der Mangel aller Auszüge tritt hier besonders zu Tage: sie geben tote Knochen. — Aus der Katene des Procop sind die Citate aus Origenes dann in die Katene des Polychronius übergegangen. Diese ist also auch zu einer Textkritik derselben herbeizuziehen (cf. S. 99).

In den Handschriften und Ausgaben des Procop finden sich mehrere Fehler in der Zuteilung der einzelnen Abschnitte an die verschiedenen exzerpierten Autoren. So sind in den Ausgaben von de la Rue und Lommatzsch die Erklärungen zu den Worten καὶ ὀσμὴ ἱματίων σου ὡς ὀσμὴ Λιβάνου 4 11, und zu καταβήτω ἀδελφιδός μου 5 1 (Lomm. XV 96. 97) mit Unrecht dem Origenes zugeschrieben: sie stammen von Gregor von Nyssa, unter dessen Namen sie auch richtig bei Mai, Class. auct. IX. stehen; cf. MSG 87 col. 1661. 1669. Ebenso stammt die Erklärung zu 5 2 von ἀκόλουθα ταῦτα τοῖς πρώτοις ab nicht von Origenes, sondern von Philo von Carpasia; cf.

MSG 40 col. 100. Sie stimmt weder zu der ganzen Art des Origenes noch zu dessen Erklärung von 5 5. 6.[1])
Die beiden Auslegungen des Origenes in den Homilien und den Kommentaren weichen formell und inhaltlich mehrfach von einander ab. Das erklärt sich aus der Verschiedenheit des Zweckes, dem sie dienen sollen, und des Publikums, für das sie bestimmt sind. Durch die Homilien geht ein praktischer Zug: sie sollen der Erbauung, nicht der Wissenschaft dienen; und weil die Zuhörer nicht alle vollkommen sind — wie denn XIV 268 die Katechumenen angeredet werden — so ist es nicht Aufgabe des Homileten, dem, der noch Milch nötig hat, den tiefsten Inhalt seiner Erkenntnis zu bieten. Anders die Kommentare: auch sie wollen natürlich erbaulich wirken, aber ihr eigentlicher Zweck ist die wissenschaftliche Erklärung für den Gnostiker. Besonders auffällig ist die Verschiedenheit bei der allegorischen Erklärung der Braut in den beiden Werken, die später zu erörtern ist. Diese ist aber wohl nicht bloss aus dem verschiedenen Zwecke der Schriften, sondern auch aus der Differenz der Abfassungszeiten zu erklären. Dann würden die Homilien früher als die Kommentare fallen (cf. S. 116).

Um die hohe Bedeutung des HL zu zeigen, weist Or. im Prologe zu den Komm. darauf hin, dass die gesamte Wissenschaft der Griechen in drei Teile zerfällt, die Ethik, die Physik und die $\vartheta\varepsilon\omega\varrho\eta\tau\iota\varkappa\eta$, welch letztere, das Sichtbare, $\tau\grave{\alpha}$ $\alpha\grave{\iota}\sigma\vartheta\eta\tau\acute{\alpha}$, übersteigend, mit dem Auge des Geistes das Himmlische, Göttliche, $\tau\grave{\alpha}$ $\nu o\eta\tau\acute{\alpha}$, betrachtet. Diese Einteilung haben die griechischen Philosophen von Salomo, dem von Gott mit tiefer Weisheit begabten Könige der Juden, übernommen; denn er, der schon lange vor Chilo das $\gamma\nu\tilde{\omega}\vartheta\iota$ $\sigma\varepsilon\alpha\upsilon\tau\acute{o}\nu$ gekannt

---

[1]) Origenes gibt auch ausser diesen drei Schriften in seinen Werken öfter Erklärungen von Stellen des HL. So vergl. zu Lomm. XIV 243 den entsprechenden Abschnitt XIV 85. Ferner zu XIV 263 cf. in Joh. t. X 28 (18); zu XIV 273 cf. in Joh. t. I 32, XIII 3; zu XIV 276 cf. XVII 251, XII 394, IV 324; zu XV 30 cf. XIII 108; zu Cant. 4 7 cf. VII 287; zu 5 12 cf. IX 215; zu 5 3 cf. XI 275.

hat, XIV 399, hat auch jene drei Wissenschaften nach einander behandelt, XIV 308. Nachdem er in den kurzen, aber inhaltsreichen Sätzen Prov. 1 2–6 die Hilfswissenschaft der Logik berührt hat, gibt er in den Sprüchen sittliche Lehren, zeigt im Prediger die Eitelkeit der Natur und preist endlich im HL die himmlische Liebe, die allein zu Gott führt, XIV 309.[1]) Die beiden ersten Bücher dienen aber nur zur Vorbereitung auf das letzte; durch sittliche Läuterung und die Erkenntnis von der Vergänglichkeit alles Irdischen soll der wahre Weise zum Verzicht auf das Sichtbare und zum Streben nach dem Himmlischen, das unter dem Bilde göttlicher Liebe dargestellt wird, geleitet werden, XIV 312. Ein Entwickelungsgang, der auch in der Bezeichnung Gottes als des Gottes Abrahams, Isaaks und Jakobs angedeutet ist: Abraham übte die sittliche Tugend des Gehorsams; Isaak der Brunnengräber durchforschte die Tiefen der Natur; erst Israel, א״יש רָאָה אֵל, schaute das Haus Gottes, בֵּית־אֵל, und das Lager des Himmels, מַחֲנָיִם, XIV 313. Und diesen Weg muss auch der gehen, der zu den Erkenntnishöhen des HL aufsteigen will.

Auch der Titel „das Lied der Lieder, von Salomo", weist auf diese Bedeutung des Buches hin. Es ist das Buch, welches höher ist als alle Lieder, die Propheten und Engel gesungen haben.[2]) Dass der Verfasser nur Salomo, pacificus, εἰρηνικός (cf. 1. Chron. 22 9, Jes. Sir. 47 13. 16) ohne jeden Beisatz, der an seine irdische Grösse erinnern könnte, genannt wird, ist eine weitere Auszeichnung des Buches. Dagegen legen die den Titel falsch aus, die ihn verstehen als „eins der Lieder Salomos" und sich dabei auf 1 Reg 4 32 berufen. Von solchen anderen Liedern Salomos weiss weder die christliche Kirche noch die jüdische Überlieferung.[3])

---

[1]) Diese Gedanken sind in der Praeparatio evangelica des Euseb., XI 1—8, weiter ausgeführt und von vielen Exegeten des HL übernommen worden. [2]) Cf. den Exkurs S. 115. [3]) Ps. 72 1 lautet in 𝔊 εἰς Σαλωμών. Ps. 127 1 fehlt das לִשְׁלֹמֹה in 𝔊. Aber nach dieser Notiz scheint Origenes auch von einer Herleitung der sogenannten Psalmen Salomos von Salomo nichts zu wissen.

In dem erhabenen Charakter des HL, das die tiefsten Mysterien der Frömmigkeit enthüllt, liegt es begründet, dass nur der Vollkommene es verstehen kann, 288 f., wie denn bei den Hebräern auch nur Erwachsene es lesen dürfen, 290. Freilich will ja jede göttliche Schrift geistlich ausgelegt sein — dass das Evangelium nicht blosse Geschichte, $\psi\iota\lambda\grave{\eta}$ $\iota\sigma\tau o\varrho\iota\alpha$ enthält, kann nur ein fleischlicher, vom Satan bethörter Sinn verkennen. Der Sohn Gottes ist nicht vom Himmel herabgekommen, um über Bettstellen zu befehlen, 264; und wenn die Vorschriften über die Bereitung des heiligen Öls Ex. 31 nicht geistig verstanden werden, als Bilder von Geheimnissen, sind es dann nicht Gottes unwürdige Fabeln? XIV 241 (cf. Siegfried, Philo p. 166). Aber vom HL, dem „Allerheiligsten" der Schrift, gilt dieser Kanon besonders. Nur keusche Ohren dürfen es hören, 289; für den ist es nicht, der Fleisch und Blut noch an sich trägt und von den Affekten der Materie noch nicht befreit ist. Er würde über diese Albernheiten lächeln und spotten, und so wäre ihm das Gotteswort ein Geruch vom Tode zum Tode. Von Heiden ist freilich nichts anderes als eine fleischliche Auslegung zu erwarten: aber wenn selbst angeblich Gläubige, die die Autorität der Schrift anerkennen, die geistige Auslegung verwerfen und dafür Gründe fleischlicher, irdischer Weisheit beibringen, so wartet ihrer das Gericht, XV 87. Daher bedarf der Exeget für seine herrliche Aufgabe, die kurzen geheimnisvollen Worte durch Vergleichung der Parallelen in der Schrift und Durchleuchtung ihrer äusseren Einkleidung zu verdeutlichen, XIV 311, und so selbst ihrer Weisheit teilhaftig zu werden, der Gabe des heiligen Geistes, XIV 311, um die er in Demut bittet, XIV 420, 474, XV 47 (cf. Siegfried, Philo 352).

<u>Der Text, den Or. bei seiner Erklärung zu Grunde legt, ist die Übersetzung der Septuaginta, die ihm als inspiriert gilt,</u> XIV 344; daneben führt er auch mitunter die Abweichungen des Aquila, Symmachus und Theodotion, sowie einer in Actium litus gefundenen fünften Übersetzung an, XIV 235, aber meist nur, um zu zeigen, dass auch ihr abweichender Wortlaut keinen anderen Sinn bietet, als der der

Septuaginta, XIV 344, 360, 380, 432 n 3, 428, XV 26 n 7, 94. Seine von dem kirchlichen Altertum so sehr gerühmte Kenntnis des Hebräischen zeigt sich nur bei den Übersetzungen von Eigennamen, die dann allegorisch gedeutet werden; cf. die Zusammenstellung Lomm. XIV 280. Aber auch diese sind ja einem älteren Onomasticon entnommen (cf. Zahn, Geschichte des neutestamentl. Kanons II ² 948).

Betrachten wir nun die Deutung des HL im historischen und mystischen Sinne (historica explanatio — interior intellectus XIV 328, litera — spiritus XV 63, propositae fabulae species — ordo mysticus XIV 360, mysterium arcanum versiculi XV 34).

Historisch betrachtet ist das HL eine fabula, ein epithalamium XIV 246, carmen nuptiale XIV 260, amatorium drama XIV 333. Es ist ein Drama, d. h. es reden darin verschiedene Personen, die nach einander auf- und abtreten XIV 288, 327. Wahrscheinlich sind 4 Personen, oder besser 2 Personen und 2 Chöre zu unterscheiden: der Bräutigam, die Braut, die Gefährten des Bräutigams und die Gefährtinnen der Braut. Die Braut tritt aber auch als $\mu\epsilon\sigma\acute{o}\chi o\varrho o\varsigma$ (= $\varkappa o\varrho v\varphi\alpha\tilde{\iota}o\varsigma$) des Chores ihrer Gefährtinnen auf und spricht als solche z. B. die Worte 1 4 b, XIV 389.[1]) Zweifelhaft ist das Verhältnis der „Töchter Jerusalems" zu den Jungfrauen = Gefährtinnen der Braut. An manchen Stellen, z. B. XIV 248, 272, XV 33, 35 werden sie mit den Jungfrauen identifiziert, XIV 360 dagegen von ihnen unterschieden. Beides lässt sich dahin vereinigen, dass die Jungfrauen eine bestimmte Gruppe der Töchter Jerusalems bilden, cf. XIV 376, die im Gegensatze zu anderen Töchtern Jerusalems steht.

Die Verteilung der einzelnen Worte auf die verschiedenen Personen ist manchmal schwankend, cf. XIV 366, 389. Sie ist auch in den Homilien und Kommentaren verschieden: in ersteren wird z. B. 1 17 den Freunden des Bräutigams in den Mund

---

[1]) Auf Origenes wird es auch zurückgehen, wenn der Codex Venetus gr. I. vor 4 9 die Notiz bringt: $\tau\alpha\tilde{v}\tau\alpha$ $\dot{o}$ $v\acute{v}\mu\varphi\iota o\varsigma$ $\dot{\omega}\varsigma$ $\varkappa o\varrho v\varphi\alpha\tilde{\iota}o\varsigma$ $\chi o\varrho o\tilde{v}$ $\lambda\acute{e}\gamma\epsilon\iota$ $\ddot{\alpha}\mu\alpha$ $\alpha\dot{v}\tau o\tilde{\iota}\varsigma$. Cf. S. 107.

gelegt, in letzteren dem Bräutigam als Antwort auf 1 16. Auf die Schwierigkeit dieser Verteilung hat Or. selbst in dem allein erhaltenen Stücke seiner Jugendschrift hingewiesen XIV 233. Eine Teilung in bestimmte Akte lässt sich nicht nachweisen, aber jedenfalls fällt die Handlung in verschiedene Zeiten: 2 6 f. spielt im Winter, 2 8 ff. im folgenden Sommer. Wie Or. sich den Gang des Dramas gedacht hat, lässt sich aus dem uns Erhaltenen nicht erschliessen; dazu sind die Scholien des Procop zu dürftig. Jedenfalls hat er sein Augenmerk darauf gerichtet: XV 36 ff. bespricht er den Gang der Handlung von 2 8–14 im Zusammenhange; ebenso rekapituliert er XV 58 ff. den ganzen Gang von 1 2 bis zu dem zu besprechenden Verse 2 10. Aber manchmal hat selbst er einen Zusammenhang der Handlung nicht finden können XV 75; woraus dann um so mehr die Notwendigkeit der Allegorik folgt. Denn wo non consequentiam sermo invenitur habere historicus, da ist ein mysterium zu suchen XIV 366 (cf. Redepenning I p. 290. Philokalie p. 23—26).

Die allegorische Deutung (cf. Gal. 4 24) der im Drama auftretenden Personen ist am leichtesten beim Bräutigam. Der König des Friedens, Salomo, ist natürlich Christus, der θεὸς λόγος, der König des Himmelreichs. Die ihn umgebenden Jünglinge, seine Gefährten, sind entweder die Engel — so besonders in den Homilien XIV 239, 255; aber auch in den Kommentaren XIV 417 — oder die Propheten und Patriarchen, die Offenbarungsorgane des Logos, die schon im A. T. ein Abbild der christlichen Religion stifteten [1]) — so besonders in den Kommentaren XV 17, 107 — oder die Lehrer der Kirche XV 83 $_n$ [2]. Je nach dem Inhalte des Verses, der an sie gerichtet oder von ihnen gesprochen wird, können sie verschieden aufgefasst werden.

Bei der allegorischen Deutung der Braut ist zwischen den Homilien und Kommentaren zu unterscheiden. In ersteren ist

---

[1]) Engel und Patriarchen gehören zusammen, wie bei Philo die israelitischen Patriarchen „Himmelsmenschen" heissen.

es, wie bei Hippolyt, die Kirche, die heilige und fleckenlose Eph. 5 27, XIV 239, die Schwester der Synagoge XIV 260. Diese Deutung der Braut auf die ganze Kirche ist in den Homilien die grundlegende und allein ausdrücklich ausgesprochene; aber was vom Ganzen gilt, wird homiletisch auf die einzelnen angewandt, und so schimmert die Beziehung auf die einzelne christliche Seele manchmal durch, XIV 250, 255 (ecclesiastica anima), besonders wo die Braut in einen Gegensatz zu den Jungfrauen tritt XIV 248, 255. Von der Kirche hätte Orig. wohl auch nicht gesagt, dass sie noch nicht von allen Sünden rein sei XIV 248, wenn er nicht dabei zugleich an die einzelnen Menschenseelen gedacht hätte. Trotzdem gilt für die ganzen Homilien der Satz der Einleitung XIV 239: Christum sponsum intellige, ecclesiam sponsam sine macula et ruga.

Anders in den Kommentaren. Hier wird gleich im zweiten Satze des Prologs XIV 286 die doppelte Deutung auf die nach dem Bilde Gottes geschaffene Seele und auf die Kirche hingestellt. Ebenso heisst es XIV 327: Das HL feiert unter dem Bilde eines Brautpaars die Verbindung der Kirche mit Christo oder der Seele mit dem $\Lambda \acute{o} \gamma o \varsigma$ Gottes. Dem entsprechend wird am Anfange der Erklärung eines Verses nach Darstellung des historischen Sinnes zunächst als ordo mysticus die Deutung auf die Kirche gegeben, der die tertia expositio folgt: $\nu\acute{\nu}\mu\varphi\eta$ $\tau o\tilde{\nu}$ $\Lambda\acute{o}\gamma o\nu$ $\psi\nu\chi\acute{\eta}$ XV 98 (2), 100, $\lambda o\gamma\iota\varkappa\grave{o}\nu$ $\zeta\tilde{\omega}o\nu$ XV 101. Die letztere Deutung tritt aber im dritten und vierten Buche immer mehr in den Vordergrund. Sie nimmt an Stelle der Deutung auf die Kirche dann die erste Stelle ein XV 60 (cf. 63), 75 (cf. 80), 83 (cf. 85), 107 und steht selbst ganz allein XIV 399, 436, XV 30, 34, 68 ff. Dies Schwanken erklärt sich allerdings z. T. daraus, dass der Wortlaut der einzelnen Verse bald die eine, bald die andere Erklärung näher legte. Aber es zeigt sich doch deutlich, dass dem Verfasser während der Arbeit die dritte Deutung immer wichtiger und interessanter, immer lieber geworden ist.

Or. hat im vierten Buche de princ. und an vielen Stellen seiner Kommentare auf Grund von Prov. 22 20 $\varkappa a\grave{\iota}$ $\sigma\grave{\upsilon}$ $\delta\grave{\epsilon}$ $\acute{a}\pi\acute{o}$-

γράψαι αὐτὰ σεαυτῷ τρισσῶς, εἰς βουλὴν καὶ γνῶσιν ἐπὶ τὸ πλάτος τῆς καρδίας σου und in Anknüpfung an die trichotomische Zerlegung der menschlichen Natur einen somatischen = historischen, einen psychischen = moralischen und einen pneumatischen = mystischen Sinn der Schrift unterschieden. Danach hat man gemeint, in der Deutung der Braut auf die Kirche die pneumatische, in der auf die einzelne Seele die psychische oder moralische sehen zu müssen. Or. selbst hat sie jedoch nirgends so bezeichnet, weil zu keiner von beiden Deutungen das Attribut „psychisch" passte. Wäre ein solcher Gradunterschied beabsichtigt, so hätte ja auch dem grammatischen der moralische Sinn folgen und der mystische die Erklärung krönen müssen. Statt dessen ist der Regel nach die Deutung auf die Seele die tertia expositio. Und wie wäre es zu erklären, dass die für die Unvollkommenen berechneten Homilien nur den pneumatischen Sinn bringen, während allein die Kommentare auch den psychischen enthalten? Dies alles zeigt, dass es unberechtigt ist, die Termini „mystisch" und „moralisch" und das hermeneutische System der „Prinzipien" auf alle exegetischen Schriften des Or. und jede einzelne Stelle anzuwenden. Jedenfalls muss für die exegetischen Schriften zum HL noch mehr betont werden, als es Redepenning in seiner Darstellung der Schriftlehre des Or. I 299, 305[n3], gethan hat, dass Or. gemäss der Einteilung des Weltganzen in αἰσθητά und νοητά zunächst nur einen zweifachen Sinn kennt, einen historischen und einen allegorischen, einen fleischlichen und einen geistlichen. Aber der geistliche ist mannigfaltig; denn das Sinnliche kann in verschiedener Beziehung ein Abbild des Geistes sein. Und wie der Diamant nach allen Seiten seinen Glanz wirft, so kann man dasselbe Gotteswort auf das Gebiet des Glaubens und das der Sitte, auf die Kirche in ihrer jetzigen Niedrigkeit und in ihrer einstigen Herrlichkeit beziehen. Hier kommen aber vor allem 2 verschiedene Formen des allegorischen Sinnes in Betracht cf. XIV 327, die Deutung der Braut auf die einzelne Seele und auf die ganze Kirche. Or. hat auch bewusst und absichtlich zwischen beiden Deutungen vermittelt und einen Übergang hergestellt cf. XV 5, 9, 101. Denn die

Kirche ist bei ihm nicht ein Aeon, der mit Christus eine Syzygie bildete, sondern es ist die empirische Gesamtheit der Gläubigen (sponsa = electi discipuli Christi XV 40); und darum kann, was von ihr gilt, auf den einzelnen bezogen werden. Doch besteht ein bedeutender Unterschied: die Deutung auf die Kirche ist historisch; sie bezieht die Worte des HL auf die Offenbarungsgeschichte, in der Christus aus dem feindlichen Volke der Juden sich eine Gemeinde sammelt und sie nun durch alle Fährnisse leitet, bei ihr bleibend bis an das Ende der Tage. Die andere Deutung gilt jetzt und zu allen Zeiten von jeder Seele, mit der der Logos sich vereinigt (XV 98 ἡ ψυχὴ νύμφη + ὁ νύμφιος λόγος) und die er seine Geheimnisse erkennen lehrt XV 41 ff.; sie ist der Reflex des HL in der Seele des Gnostikers.

Dagegen sind die im Gefolge der Braut auftretenden Jungfrauen die anfangenden, noch unvollkommenen und unreifen christlichen Seelen, ein Bild der Katechumenen XIV 268, 246 f., 355, 357; während die von ihnen zu unterscheidenden Töchter Jerusalems die nicht gläubig gewordenen Israeliten darstellen, XIV 250, 360, 378.

Bei der Deutung der Liebe zwischen dem Bräutigam und der Braut des HL hat Or. auf Platos Symposion hingedeutet, XIV 290. Es ist die Sehnsucht der Seele nach der Erhebung aus den αἰσθητά zu den νοητά XV 76 [n 2]. — Zwei Menschen hat Gott am Anfange geschaffen, einen körperlichen, sinnlichen, materiellen aus einem Erdenklumpen und einen geistigen, übersinnlichen, immateriellen nach seinem Bilde, XIV 291 cf. 2 Kor. 4 16. Um nun den letzteren zu beschreiben, bedient die Schrift sich solcher Ausdrücke und Bilder, die von dem ersteren hergenommen sind, XIV 292: so spricht sie von verschiedenen Altersstufen des geistigen Menschen, seiner Speise, seinem Auge, und so auch von seiner Liebe, XIV 295. Während aber der irdische Mensch von sinnlicher Liebe ergriffen wird, empfindet die göttliche Seele das Feuer himmlischer Liebe im Anschauen der Schönheit des Logos, des Abglanzes des unsichtbaren Gottes. Denn etwas muss der Mensch lieben, das liegt in seiner Natur; was könnte er aber finden, das seiner Liebe würdiger wäre als Gott selbst, XIV 303, XV 19, wenn er nur erst von dem Glanze der Schönheit und Herrlichkeit des Logos wie von einem Pfeile getroffen ist, XIV 296, 314. In dieser Liebe zu Gott liegt auch die Liebe zur Weisheit, Gerechtigkeit, Frömmigkeit und Wahrheit; denn Gott lieben heisst das Gute lieben, XIV 302. Darin liegt ferner auch die Liebe zum Nächsten, der ebenfalls von Gott geschaffen ist, XIV 301. Auch die Liebe zum Feinde, XV 21. Doch sind nicht alle Menschen gleich zu lieben, sondern „geordnet", nach der Würdigkeit abgestuft soll die Liebe sein, XIV 268 f., XV 19 f. Dagegen von einer Liebe des Irdischen zu reden ist nur ein Missbrauch des Worts, XIV 302. Nicht zur Liebe, sondern nur zum Gebrauche hat Gott die Materie den Menschen gegeben. Wendet nun die Seele sich von der Eitelkeit und Vergänglichkeit des Irdischen ab und sehnt sich nach dem Sohne Gottes, dessen Herrlichkeit sie erkannt hat, XIV 313, so macht der Logos in göttlichem Erbarmen in ihr Wohnung, wie er es Joh. 14,23 verheissen hat, XIV 427, und vereinigt sich mit ihr, indem er ihr die Tiefen der Erkenntnis, $\tau\grave{\alpha}\ \tau o\tilde{v}\ \vartheta\varepsilon\acute{\iota}o\upsilon\ \lambda\acute{o}\gamma o\upsilon\ \beta\alpha\vartheta\acute{\upsilon}\tau\varepsilon\varrho\alpha$, XIV 354, XV 92, offenbart. Von dieser Vereinigung mit Gott, die unaussprechlich und unausdenkbar ist wie Gott selbst, redet das HL, das Hochzeitslied auf die Vereinigung des himmlischen Bräutigams mit seiner Kirche oder des Logos mit der Seele. Durch Erkenntnis geschieht die Vereinigung, denn der Logos ist die virtus Dei, quae illuminat mentem XIV 331. Diese $\gamma\nu\tilde{\omega}\sigma\iota\varsigma$, diese berauschende XIV 243 Erkenntnis der Tiefen der Gottheit XV 82 ist aber unabhängig von der irdischen Weisheit der Grammatik und Dialektik XV 89, ja feindlich gegen sie; sie ist überirdisch. Daher kann die Seele, solange sie noch im irdischen Leibe wohnt, sie auch nur unvollkommen und nicht dauernd erreichen: Gott ist ihr bald näher, bald ferner XV 60, 41, XIV 252. Vollkommen wird ihr die Erkenntnis erst im Jenseits zu teil XV 92, 95, 100. Da führt dann der König die Seele in seine Gemächer, wie Paulus einst in den dritten Himmel entrückt wurde, XIV 354. Nirgends aber hat Origenes in den Schriften über das HL angedeutet, dass die Vollkommenheit der Erkenntnis und die Vereinigung mit Gott in mystischer Ekstase erreicht werde. Wer so die symbolische Sprache der Schrift geistlich versteht, wird nicht bloss die grossen Grundgedanken allegorisch deuten, sondern auch in allen Einzelheiten verborgene Geheimnisse suchen; denn der Heilige Geist schreibt nichts umsonst, XIV 396. So hat Origenes nach dem Vorbilde des Physiologus auch im HL alles, was aus dem Naturreiche erwähnt wird, auf geistige Beziehungen umgedeutet und diese systematische Symbolisierung dogmatisch zu begründen gesucht. Alles sinnlich Wahrnehmbare τὰ αἰσθητά ist dazu bestimmt, dem Menschen als Hinweis auf das Unsichtbare τὰ νοητά zu dienen (Röm. I 20) XV 63 n 3, XIV 349. Wie der Mensch nach Gottes Bilde geschaffen ist, also aus ihm Gottes Wesen erkannt werden kann, so sind auch die anderen Geschöpfe Gottes Abbilder eines himmlischen Urbildes XV 47 f.;[1]) ja sogar das Senfkorn ein Abbild des Himmelreiches selbst XV 48. Daher muss man in allem Körperlichen die Idee suchen, in Blumen und Sträuchern, Vögeln und Vierfüsslern. Aber das Senfkorn ist zugleich auch Symbol der Vollkommenheit des Glaubens; es sind also manche Dinge in mehrfacher Beziehung Abbilder des Himmlischen, XV 49, sodass der Mensch in mannigfaltigster Weise durch sie zum Verständnis des Übersinnlichen angeleitet werden kann. Nur durch das Bild des sinnlich Wahrnehmbaren kann man das Unsichtbare erkennen XV 50; der weise Schöpfer hat aber die Welt so eingerichtet, dass diese Erkenntnis wirklich möglich ist. Er schuf die Sterne als Symbol der Auferstehung der Toten, Fuchs und Schlange als Abbilder häretischer Hinterlist und teuflischer Verführung XV 47—52, den Wind als Abbild des Geistes, aber auch der falschen Lehrer Eph. 4 u. Diese symbolische Sprache der Natur redet auch die Schrift, und der Exeget hat die Aufgabe, die hinter den Symbolen liegende Idee zu finden, Rehe und Hirsche XV 46, Turtel-

---

[1]) Cf. Redep. I 52, 313. Nach Clemens, Strom. V 702, hat die griechische Philosophie diese Anschauung der Philosophie der Barbaren, d. h. der Juden, entlehnt. Cf. Iren. adv. Haer. I 7 2 von den Valentinianern: πάντα γὰρ ταῦτα τύπους ἐκείνων (der oberen Welt) εἶναι λέγουσιν.

tauben und Tauben XIV 277, Cedern und Cypressen XIV 265, die Gewürze des heiligen Öls XIV 342 und die Glieder des menschlichen Körpers XIV 255 zu Trägern religiöser Erkenntnis zu machen. Auf Grund dieser naturphilosophischen Anschauungen ist Origenes ein Mitbegründer des christlichen Physiologus geworden, der im Mittelalter eine so weite Verbreitung gefunden hat. Die griechischen Originale der Schriften des Origenes zum HL sind verloren gegangen. Ihr grosser Umfang und der ketzerische Ruf ihres Verfassers schädigte ihre Verbreitung. Trotzdem ist er der eigentliche Schöpfer der kirchlichen Auslegung des HL. Im Abendlande wurden seine Homilien in der Übersetzung des Hieronymus sehr viel gelesen und sind daher in einer grossen Zahl von Handschriften erhalten (cf. Harnacks Litteraturgeschichte I 398 f.). Der Name ihres Übersetzers hatte sie approbiert. Eine Homilie ist sogar von Petrus de Riga metrisch bearbeitet (Cod. Monast. Paulin. 148 fol. 228—251 ^{v}). Und im Morgenlande wurde kein Kommentar zum HL geschrieben, der nicht von ihm abhängig wäre. Indem die späteren Kommentatoren das aussonderten, was dem kirchlichen Gemeinbewusstsein widersprach und dem gewöhnlichen Verständnis zu fern lag, und indem sie das Übrige umgestaltend vereinfachten, verkirchlichten sie seine Exegese und verschafften ihr die Geltung der allein berechtigten. Gegen die Allegorisierung der Genesisgeschichten hat der richtige Takt der Kirche sich gesträubt; die des HL dagegen wurde in der von Origenes geschaffenen Doppelform sanktioniert und drang so selbst in die Bibelhandschriften ein. Nur von einem bedeutenden Theologen wissen wir, dass er sich dagegen auflehnte; aber dafür hat ihn das zweite Constantinopolitanum verdammt. Sonst mag man einen Kommentar aufschlagen, welchen man will, man wird überall die Spuren des grossen Alexandriners finden. Dabei ist interessant, zu beobachten, dass unter den Exegeten des HL der Vertreter derjenigen Schule, die sonst auf dem Gebiete der Exegese in einem Gegensatze zur alexandrinischen stand, Theodoret, vielleicht am meisten von allen von ihm abhängig ist, während der dem Origenes dem Geiste und der

Zeit nach am nächsten stehende Kommentator des HL, Gregor von Nyssa, sich den Schriften seines Vorgängers viel freier gegenüberstellt, ein Schüler, nicht ein Abschreiber.

Gregor von Nyssa.

Unter den drei grossen Kappadokiern hat Gregor von Nyssa eine $\dot{\varepsilon}\xi\dot{\eta}\gamma\eta\sigma\iota\varsigma\ \dot{\alpha}\varkappa\varrho\iota\beta\dot{\eta}\varsigma\ \varepsilon\dot{\iota}\varsigma\ \tau\dot{\alpha}\ \ddot{\alpha}\sigma\mu\alpha\tau\alpha\ \tau\tilde{\omega}\nu\ \dot{\alpha}\sigma\mu\dot{\alpha}\tau\omega\nu$ geschrieben, die sich nach Fronton le Ducs Ausgabe, Paris 1615, bei Migne SG 44 col. 755—1120 abgedruckt findet. Nach dem Prooemium, welches die Widmung des Buches an einen gewissen Olympiades enthält, ist das Werk eine Niederschrift und Überarbeitung von Homilien, die Gregor in der Fastenzeit über das HL gehalten hat. In 15 Homilien erklärt er das HL bis 6 8 (I. 1 2—4, II. 1 5—8, III. 1 9—14, IV. 1 15—2 7, V. 2 8—17, VI. 3 1—8, VII. 3 9—4 7, VIII. 4 8. 9, IX. 4 10—15, X. 4 16—5 2, XI. 5 2—4, XII. 5 5—7, XIII. 5 8—12, XIV. 5 13—16, XV. 5 17—6 8). Vor jeder Homilie wurde der betreffende Textesabschnitt ganz verlesen 808 c, 857 c, um dann im einzelnen behandelt zu werden. Die Länge einer Homilie beträgt durchschnittlich 11 Spalten bei Migne. Bei der Niederschrift des Prooemiums war der Verfasser bis zur Hälfte der Erklärung vorgeschritten, das heisst wahrscheinlich bis zum Ende der achten Homilie, cf. 952 d; daher auch die neunte mit einer ähnlichen Einleitung wie die erste beginnt. Die bei Übersendung der ersten Hälfte an Olympiades ausgesprochene Hoffnung, wenn Gott Leben und Musse schenke, die Schrift vollenden zu können 764 c, hat sich nicht erfüllt; der Tod (bald nach 394) scheint dem Gregor die Feder aus der Hand genommen zu haben. Dass die Erklärung des HL nach der Abhandlung über die Psalmüberschriften geschrieben ist, zeigt 1113 d.

Als Vorgänger in der Erklärung des HL nennt Gregor den Origenes 764 b. Da sein Bruder Basilius in der Philokalie die Jugendschrift und den Kommentar des Or. zum HL benutzt hat, wird auch Gregor diese Schriften gekannt haben. Es finden sich daher auch mehrere Berührungen mit den Erklärungen des Or.; so in der Deutung der Eigennamen Salomo 792 a und Bethel 864 a, in der Deutung der Turteltaube 816 a und der Wangen des Bräutigams 1064. Besonders auffallend ist die Übereinstimmung bei der Anwendung des Wortes: ordnet die Liebe! 2 4, 845 c. Ausser diesen Anklängen und Berührungen ist Gregor jedoch im einzelnen durchaus selbständig. Nicht die einzelnen Gedanken, wohl aber die ganze Geistesrichtung, der asketische Charakter seiner Betrachtung des Gottesworts sind die seines grossen Vorbildes.

Denn Gregor ist ein Spiritualist trotz Origenes. Die ganze Einleitung dient dazu, die Richtigkeit und Notwendigkeit der allegorischen Erklärung zu beweisen, und die Vergleichung des Verhältnisses von $λέξις$ und $νόημα$ mit dem von $αἰσθητά$ und $νοητά$ 885 b könnte auch Or. geschrieben haben. Meist bezeichnet er sie als $τροπικὴ\ σημασία$; daneben kommen gleichbedeutend die Ausdrücke $ἡ\ κατ'\ ἀναγωγὴν\ θεωρία$ 864 c, $ἀλληγορία$ oder $μυστικὴ\ θεωρία$ 765 a vor (cf. 757 a). Wie Or. begründet auch er die allegorische Exegese damit, dass das Wortverständnis oft etwas Unrichtiges oder religiös Wertloses ergeben würde 757 d, 925 b u. oft. Or. hatte das auch damit bewiesen, dass der grammatische Satzbau oft falsch und sinnlos sei. Nach Gregor rührt aber in solchen Fällen die Unverständlichkeit des Buchstabens von der schlechten Übersetzung aus dem hebräischen Original her 796 a. Danach wird er also die Übersetzung der Siebzig nicht, wie Or., als inspiriert betrachtet haben, so wenig wie sein Bruder Basilius (cf. H. Weiss, die grossen Kappadokier als Exegeten, Braunsberg 1872 p. 40). Nun hat aber die allegorische Erklärung des HL bei Gregor einen ganz anderen Sinn als bei Origenes. Bei Or. ist es eine Bedeutung neben der anderen, die pneumatische neben der somatischen oder historischen; die letztere existiert freilich nur für den Somatiker, während der

Gnostiker daneben eine höhere findet, aber sie existiert doch. Or. behandelt also das HL ebenso wie ein geschichtliches Buch des A. T. Dagegen ist für Gregor das HL von den geschichtlichen Büchern des A. T. generell unterschieden. Z. B. die Geschichte des Mose ist historisch und tropisch zu betrachten (1025 b: μεταβαλὼν τὴν ἱστορίαν εἰς τροπικὴν θεωρίαν). Dagegen das HL hat gar keinen historischen Sinn (cf. 900 c), wie das deutlich die Rekapitulation 1036 zeigt. Der Wortlaut ist nur die λέξις, deren Sinn verborgen ist 802 d; er ist ein heiliges Rätsel 796 b, 1012 c, 1013 c, u. o.; cf. 892 b: ἡ σωματικὴ τοῦ λόγου ὑπογραφὴ . . . δίδωσι τῇ θεωρίᾳ τὰς ὕλας, ὧν ἡ φιλοσοφία, πρὸς τὸ καθαρόν τε καὶ ἄϋλον μετενεγκοῦσα τὰς τῶν νοημάτων ἐμφάσεις, διὰ τῶν αὐτοῖς ἐπιτελουμένων προάγει τὰ δόγματα, τοῖς τῶν γινομένων αἰνίγμασι συγχρησαμένη πρὸς τὴν τῶν δηλουμένων σαφήνειαν. Die Lösung dieses Rätsels ist oft sehr schwer; cf. 817 c. Ἡ δὲ λέξις ἐμβαθύνουσα ταῖς τροπικαῖς σημασίαις δυσκατανόητον ποιεῖ τὸ διὰ τῶν αἰνιγμάτων δηλούμενον; daher der Verfasser die seine oft mit Reserve gibt und gerne Belehrung annehmen will, wenn jemand eine bessere und erbaulichere weiss 857a, 1036c, 1116 c. Ganz wird kaum jemand die tiefe Philosophie des Logos verstehen 857 d. Doch muss die Betrübnis über diese Ohnmacht schwinden, wenn man bedenkt, dass selbst der bis in den dritten Himmel erhöhte Paulus nicht alles begriffen hat 860 b. Wieviel weniger kann ein Christ, der noch nicht einmal bis zur Vorhalle des Heiligtums der Erkenntnis gelangt ist, alle Rätsel des Gotteswortes lösen?

Der Unterschied dieser Auffassung Gregors vom Hohenliede von derjenigen des Origenes scheint mir nicht unwichtig zu sein. Bei Origenes ist der Wortlaut des Liedes ein roher Urstoff, der im Schmelztiegel der Allegorik zu einem Stoffe höherer Art umgeschmolzen und umgegossen wird: er treibt wirklich eine „biblische Alchemie" (Bigg, bei Harnack DG. I[3] 617 n[3]). Gregor dagegen entziffert eine Hieroglyphe.

Da also ein historisches Verständnis nicht in Betracht kommt, hat Gregor auch die äussere Form des Liedes, die dramatische Handlung, den grossen Zusammenhang gänzlich unbeachtet gelassen. Wie sehr er infolge der ausschliesslichen Nutzanwendung des einzelnen den Zusammenhang missverstanden hat, kann z. B. die Erklärung von 5 ₃₋₇ zeigen. Nur zu 6 ₄ (1100 c) wird die Frage nach der Verteilung der einzelnen Verse auf die Personen aufgeworfen, die Entscheidung aber in einer für seine Methode sehr bezeichnenden Weise getroffen. Sonst kommt für ihn nur das Mysterium, die Philosophie des Buches in Betracht. Diese Philosophie kann aber nur die vollkommene und reine Seele verstehen, die den alten Adam ausgezogen hat 764 d, 825 d. Denn wenn schon die ganze Bibel Philosophie enthält cf. 1025 b, so enthält das HL die höchste Philosophie 773 c und ϑεογνωσία 788 c. Auch ihm erscheinen dabei wie dem Orig. die beiden vorhergehenden Schriften des Salomo als eine Propädeutik für die höchste Stufe der Erkenntnis, 768. Zuerst reizt der Mystagoge, 1001 c u. o., in den Sprüchen zum Streben nach Weisheit und Liebe, zeigt dann im Prediger die Nichtigkeit der φαινόμενα gegenüber der unserer Seele eingeborenen Sehnsucht nach der immateriellen Schönheit Gottes, und weiht endlich im HL die Seele ein in das Mysterium der Mysterien 773 b, das Geheimnis der ἀνάκρασις der menschlichen Seele mit der Gottheit 772 a, 892 c; cf. 765 a: Διὰ γὰρ τῶν ἐνταῦϑα γεγραμμένων νυμφοστολεῖται τρόπον τινὰ ἡ ψυχὴ πρὸς τὴν ἀσώματόν τε καὶ πνευματικὴν καὶ ἄϋλον τοῦ Θεοῦ συζυγίαν. Das religiöse Geheimnis des Verkehrs mit Gott wird 889 d in Anknüpfung an 2 ₁₆ beschrieben: μεταχωρεῖ τὰ δύο εἰς ἄλληλα, ὅ τε Θεὸς ἐν τῇ ψυχῇ γινόμενος, καὶ πάλιν εἰς τὸν Θεὸν ἡ ψυχὴ μετοικίζεται. Dass das Wesen dieser μετουσία Θεοῦ 892 d in der philosophischen Erkenntnis Gottes gesehen wird, in der Beantwortung der Fragen τίς ἡ οὐσία, πόϑεν ἄρχεται, εἰς τί καταλήγει, καὶ ἐν τίνι τὸ εἶναι ἔχει ist bei einem Origenisten selbstverständlich.

Das HL schildert diese mystische Vereinigung des Menschen mit Gott unter dem Bilde der Ehe 892 b c. Die Braut ist dabei die Seele des einzelnen vollkommenen Christen 1117 b, z. B. die des Paulus 792 b oder des David 1112 c; ihre Gefährtinnen = die Töchter Jerusalems 789 c sind die Seelen der Lernenden 856 d. Als Bräutigam wird im allgemeinen der Logos bezeichnet; cf. 5 6 ἐξῆλθεν ἡ ψυχή μου ἐν Λόγῳ αὐτοῦ 1045 a; oft aber auch direkt Gott selbst, z. B. 892 c. Seine Gefährten sind die Engel, die λειτουργικὰ πνεύματα. Die Erklärung des Gregor deckt sich also meist mit der dritten des Or., nur dass sich bei ihm schon viel mehr die spätere mystische Erklärung anbahnt. Daneben werden aber auch einzelne Abschnitte des HL in der Weise der zweiten Erklärung des Or. gedeutet. Das war bei der Perikope 4 1—11 dadurch nahe gelegt, dass Paulus Röm. 12 4 ff. die Kirche mit einem Leibe und ihre einzelnen Amtsklassen mit den Gliedern eines Leibes verglichen hatte. Bei anderen Stellen gab ebenfalls der Wortlaut diese Erklärung an die Hand. Aber hier wird dann auch nur diese eine Erklärung gegeben, während bei Or. beide nebeneinander hergehen. Überhaupt machte die Aufgabe, jedes einzelne Wort zu deuten, es unmöglich, immer im Bilde zu bleiben. Die Kirche soll 4 16 mit dem Garten gemeint sein, 5 10—16 mit dem Körper des Bräutigams, 3 11 mit dem Kranze, den Gott dem Friedenskönige aufsetzt. Sonst überwiegt die Deutung der Braut auf die einzelne Seele bei weitem; und darin stimmt Gregor mit seinem Bruder Basilius überein, dem das HL ebenfalls τὴν τῆς ψυχῆς οἰκείωσιν πρὸς τὸν Θεὸν λόγον schildert (Hom. 12 in princ. Proverb. cf. MSG 31 col. 388, ebenso col. 1762).

Der Homilet hat dieser Auffassung des HL viele praktische Motive entnommen. Denn neben die positive theoretische Seite der christlichen Religion, die wahre Erkenntnis Gottes, τὸ ἀπλανὲς τῆς περὶ τὸ ὄντως ὂν ἐπολήψεως tritt als Komplement die negative praktische, die leidenschaftslose Stimmung der Seele (ὁ καθαρὸς λογισμὸς ὁ πᾶσαν ἐμπαθῆ διάθεσιν τῆς ψυχῆς ἐξορίζων), welche jede Störung durch die Materie von sich fernhält und vom Körperlichen sich loslöst 993 b c. Immer von neuem preist Gregor das sittliche Ideal der ἀπάθεια; denn durch sie wird der Mensch Gott, dem über alle Materie erhabenen, ähnlich 800 c. Der apophatischen Theologie, cf. 1028 a b, entspricht die Askese. Die Seele, die in der θεωρία τοῦ ὄντος den höchsten Genuss empfindet, muss der Störung durch das μὴ ὄν entzogen werden; das führt aber ein πάθος des Körpers mit sich, so gut wie das Vergnügen des Leibes ein πάθος der Seele hervorruft. Auch in dieser Betonung mönchischer Askese ist Gregor über Origenes hinausgegangen; man wird überall an die spätere Mystik des Pseudodionys erinnert. Eine Personifikation dieser Gedanken, dieser mönchischen Gottesliebe hat Gregor in seiner Schwester Makrina gefunden, der er in der Beschreibung ihres Lebens ein Denkmal setzte. „In den geheimsten Kammern ihres Herzens verbarg sie die göttliche und reine Liebe zu dem unsichtbaren Bräutigam; aber kund that diese Herzensstimmung der Eifer, mit dem sie zu dem Ersehnten drängte, um bald, von den Fesseln des Leibes erlöst, mit ihm vereint zu sein" (Harnack DG II [3] 11 [n 1]). Es sind eben nicht blosse Spekulationen, die wir hier lesen, sondern die Ideale praktischer Frömmigkeit; und die Praxis wirkte wieder beeinflussend zurück auf die Exegese.

Die formale Seite der exegetischen Homilien des Nysseners hat von Richard Rothe (Geschichte der Predigt p. 74) eine sehr absprechende Beurteilung erfahren. Er nennt ihn einen bloss künstlich gebildeten, keinen geborenen Redner, einen Deklamator, und bezeichnet seine Mystik als leere Verstandesmystik. Zu loben weiss er dagegen seine Spekulation. Wer aber die Schwierigkeit der Aufgabe erwägt, aus jedem Worte des HL lehrhafte Gedanken zu ziehen, die für die Gegenwart wertvoll und erbaulich sind, der wird zugeben, dass Gregor dieselbe mit vielem Geiste gelöst hat, obwohl manche Künsteleien und Wunderlichkeiten vorkommen, wie z. B. die geflügelten Protoplasten 1101 a. Und wie schön tritt der religiöse Idealismus in 1093 c hervor! Aber freilich mag ein Vergleich mit seinen grossen Landsleuten zu seinen Ungunsten ausfallen.

Von Einzelheiten sei folgendes erwähnt: Bei der Vergleichung seines griechischen Textes ist mir aufgefallen, dass die Citate innerhalb der Homilien oft einen ganz anderen Text bieten als die den Homilien vorangestellten Texte (cf. 2 [13], [15], 3 [2], [4]), was doch nicht ursprünglich sein kann. In der Deutung der hebräischen Wörter folgt Gregor dem Origenes;

cf. 916c Σιών = σκοπιὰ ὑψηλή; 864a Βαιθήλ = οἶκος θεοῦ. Merkwürdig ist die Erklärung von Ἐγγαδδεί 829a: ἡ τοῦ Καδδεὶ προσθήκη σημαίνει τὸν πίονα χῶρον .... Οἱ τοπικῶς ἱστορήσαντες λέγουσι τὸν κλῆρον τοῦ Καδδεὶ ἐπιτηδείως ἔχειν πρὸς εὐτροφίαν βοτρύων; cf. die Katene des Euseb. 149c ἀμπελοφόρος ὁ κλῆρος τοῦ Γάδ. cf. Jes. 16 ʀ, Num. 32 ₃₅ (Jaeser). Gregor benutzte also eine Topographie; ebenso auch einen Physiologus 1569c φασὶν οἱ τοιαῦτα φυσιολογεῖν ἐπιστήμονες. — θαλπιώθ 4 ₄ übersetzt er wie Aquila mit ἐπάλξεις, wie er auch sonst die übrigen griechischen Übersetzer der Septuaginta vorzieht. So ist auch die bei Migne falsch interpungierte Stelle 968d zu verstehen. Lies: Ὁ γὰρ ἀκριβέστερον προσέχων τῇ τῆς Ἑβραϊκῆς ἐμφάσει ἀντὶ τοῦ εἰπεῖν „Αἱ ἀποστολαί σου" „Ἐκ τοῦ στόματός σου", φησὶ, „παράδεισος ῥοῶν". So hat die Stelle auch Procop verstanden, und durch ihn ist sie dann in die Hexaplasammlungen (zu 4 ₁₃) gekommen; weder Montfaucon noch Field hat jedoch bemerkt, dass sie aus Gregor stammt. Montfaucon führt diese Übersetzung darauf zurück, dass ש als Partikel und לחיך als „deine Kinnbacke" gefasst ist. Übrigens sagt auch Bar Hebraeus zur Stelle, der Hebräer habe „dein Mund ist ein Paradies von Granatäpfeln" (S „deine Entsendung"). — 2 ₈ „Siehe, da kommt er" bezieht Gregor wie Hippolyt auf die Menschwerdung des Logos, während der Spiritualist Origenes bei diesem Worte nicht an ein historisches Faktum dachte, sondern an das ewige Kommen des Logos in der Offenbarung. — Ἐκλελοχισμένος 5 ₁₀ wird von λόχος = λοχεία abgeleitet: schon durch die Geburt ist Christus vor allen anderen Menschen ausgezeichnet. — Interessant ist die Ausführung 973d: Selbst wenn die Eigenschaften der Gewürze, die Gr. zu ihrer tropischen Deutung heranzieht, mythisch sein sollten, so sei das kein Grund zur Verwerfung der Deutung. Verwende doch auch die heilige Schrift die Mythe vom Horn der Amalthea, Hiob 42 ₁₄ ⑨. Wie beschränkt erscheint gegenüber diesem weitherzigen Standpunkte der Puritanismus des Theodor von Mopsuestia, der hauptsächlich wegen dieses mythologischen Namens der dritten Tochter des Hiob das ganze Buch aus dem Kanon strich!

Die Erklärung des HL von Gregor fand weit grössere Verbreitung als die Kommentare des Origenes, ja die grösste Verbreitung von allen griechischen Komm. zum HL. Die Pariser Nationalbibliothek besitzt allein 5 Handschriften; Gregor der Grosse citiert sie in dem dritten Briefe, den er im Auftrage des Papstes Pelagius II an die Bischöfe von Istrien schrieb (Mansi, Conc. Coll. IX col. 453), ebenso Johannes Damascenus in seinen Parallela; in den Katenen des Procop, Euseb und Polychronius bildet sie bis 6 s den Grundstock, und noch im 11. Jahrhundert fand sie eine versifizierende Bearbeitung, die hier kurz besprochen sei.

Auf Wunsch des Kaisers Nikephoros Botaniates, der 1081 von Alexius Komnenus entthront wurde, goss der jüngere Michael Psellus, dies Prototyp eines byzantinischen Litteraten, die Erklärung Gregors zum HL in politische, d. h. nach dem Accente gebaute und Zeile für Zeile wiederkehrende, Verse.[1]) In der Ausgabe des Meursius (Jo. Meursii operum vol. VIII, Florentiae 1746) sind am Rande die benutzten Homilien citiert. Die Grundgedanken der Erklärung skizziert Ps. in folgenden Versen des προοίμιον:

Τὸν τρόπον καταγγελεῖ σοι ποικιλοτρόπως ἄγαν
Τῆς τελειώσεως αὐτῆς ψυχῶν τῶν ἀνθρωπίνων,
Ἀλλ' ὡς ἐν σχήματί τινι σεμνονυμφοστολίας.
Σοφῶς γὰρ ὑποτίθησι τὸν μὲν Χριστὸν νυμφίον,
Νύμφην δὲ πάλιν τὴν ψυχὴν ἐρῶσαν τοῦ νυμφίου
Καὶ πεπυρωμένην ἔρωτι δῆθεν τῷ τοῦ νυμφίου,
Καὶ πρὸς ἐκείνου χάριτας ἀνιπταμένην τάχα.
Ἔχει δὲ φράσεις καί τινας περὶ τῆς ἐκκλησίας.

Wenn nun Psellus sich auch durchgehend an Gregor anschliesst, so bekommt doch seine Erklärung dadurch, dass er mitunter die Termini der pseudodionysischen Mystik verwendet, eine andere Färbung, und um einen effektvollen

---

[1]) Der von Psellus angewandte ist der 15 silbige, nach der achten Silbe mit einer Cäsur versehene jambische Vers. Cf. Krumbacher, Byzantinische Litteratur ² 650.

Schluss zu erzielen, bezieht er gar, völlig von Gregor abweichend, 6 s auf Maria, die Mutter Christi

'Ως ἐκλεκτὴ περιστερὰ τυγχάνει μία μόνη,
'Η τὸν Χριστὸν γεννήσασα παρθενομήτωρ κόρη,
'Η Χερουβὶμ καὶ Σεραφὶμ ὄντως καθαρωτέρα.

Dann folgt noch ein *ἐπίλογος*, ein Schlusswort des Verfassers an den Kaiser, worin er den ganzen mystischen Inhalt des Liedes noch einmal zusammenfasst und die Verzeihung Christi und des Kaisers für alles, worin er gefehlt hat, anruft.[1]

Nilus Sinaita, Apolinarius, Cyrill von Alexandrien.

Als Exegeten des HL kennen wir diese Theologen — ausser einzelnen Erklärungen in ihren übrigen Schriften — nur aus den Auszügen in der Katene des Procop von Gaza. In dieser nimmt von 6 s an, wo die Homilien des Gregor von Nyssa aufhören, der Kommentar des Nilus die führende Stelle ein; derselbe sei daher hier zunächst besprochen.[2]

Der ganze Kommentar des Nilus ist noch nicht herausgegeben, obwohl anzunehmen ist, dass er noch existiert. Ausser den z. T. sehr ausführlichen Auszügen bei Procop ist er auch in der den Namen des Michael Psellus tragenden Katene benutzt. Aber da hier seine Erklärungen völlig mit denen der anderen Exegeten vermischt sind, ist die Aussonderung des

---

[1] Die mit diesen Versen in Gallandii bibliotheca veterum patrum tom. VI Venetiis 1770 p. 645—707 zusammengedruckte Katene wird später S. 96f. besprochen werden. [2] Cf. Jos. Mariae Suaresii dissertatio de operibus S. Nili. p. 637 [MSG 79 col. 1364].

ihm gehörigen Gutes sehr schwierig. Endlich hat Nilus in seinen Briefen an drei Stellen (I 331, II 197, 282) Verse des HL erklärt, und zwar ebenso wie bei Procop.

Dies Material zeigt nun, dass die HL Exegese des Nilus völlig in dem von Origenes gebahnten Geleise geht. An einigen Stellen scheint er sich noch mehr als die übrigen an Or. angeschlossen zu haben, indem er die Deutung der Braut auf die Seele und die Kirche nebeneinander stellt; z. B. zu 3 8, Proc. 1624; die letztere nennt er die dogmatische. Im ganzen überwiegt aber die erstere bei weitem. Die Übereinstimmung mit Or. können besonders die Erklärungen von 1 16 (Proc. 1576), 6 7 (Proc. 1720 C), 7 4 (Proc. 1729) sowie die doppelte Beziehung des μικρούς 2 15 (Proc. 1609. Cf. Or. XV 84, 90) illustrieren.

Auch bei den Namenerklärungen folgt N. dem Or. oder einem von diesem abhängigen Onomasticon. Dabei ist interessant, dass er in einem Briefe I 331 aus der Übersetzung des Bergnamens Σανίρ mit ὁδὸς λύχνου die Mahnung zieht, auf dem engen Lebenspfade immer im Lichte der göttlichen Gebote zu wandeln. De Lagarde hat Onomastica [1] 204 [41] bemerkt, dass ὁδός ein Schreibfehler für ὁδούς ist (Σανίρ = שׁן נר). Aber der Fehler muss sehr alt sein; denn er findet sich auch in der Erklärung des Nilus bei Proc. 1656, bei Theodoret 137 [b] und am Rande des Syro-hexaplaris Ambrosianus zur Stelle (אורחא דשׁרגא). — Der Kranz, mit dem die Mutter Salomos ihn krönte, 3 11, wird von Nilus, Epist. II 197 (bei Proc. 1636 [d]), auf die Dornenkrone bezogen. Ebenso bei Philo (88 [a]) und Theodoret (128 [a]). Da diese Erklärer voneinander unabhängig sind, wird man diese Deutung ohne Zweifel auf Origenes zurückführen dürfen. Und so wird auf ihn noch vieles andere gemeinsame Gut zurückgehen.

Über die Erklärungen des Apolinarius und Cyrill ist wenig zu bemerken. Zwar wird Cyrill 50 mal und Apolinarius 15 mal von Procop citiert, aber immer nur in so kurzen Sätzen, dass man nur sieht, wie ihre Exegese im ganzen mit der der übrigen völlig übereinstimmt. Bei Cyrill ist die Beziehung von 8 1 auf die θεοτόκος bezeichnend. Auffallend ist die Verwandtschaft mit

Hippolyt in der Deutung von 1 12 und 3 1—4 (cf. S. 50 n ²). Die strenge Scheidung zwischen der jüdischen und heidnischen Kirche col. 1556/7 und 1633 erinnert an Athanasius, cf. S. 103. — Apolinarius citiert 2 mal Varianten des Symmachus, einmal des Aquila.

Philo von Carpasia.

Ein ca. 401 durch Epiphanius zum Bischof von Carpasia auf Cypern eingesetzter Philo [1]) schrieb einen Kommentar zum HL, den er dem Presbyter Eustathius und dem Diakonen Eusebius widmete (Migne SG 40, 27—154). Es ist das wohl der nämliche Komm., den Cassiodor, de institut. litt. cap. 5 dem Epiphanius zuschreibt und den er durch seinen Freund Epiphanius ins Lateinische übersetzen liess. Von dieser lateinischen Übersetzung, die 1750 von Petrus Franciscus Fogginius als Komm. des Epiphanius zum HL herausgegeben wurde, weicht jedoch der griechische Text, erstmalig von Michael Angelus Giacomellus 1772 in Rom mit Einleitung und Anmerkungen herausgegeben, mehrfach ab. Ausserdem sind griechische Stücke erhalten:
1. in der Katene des Procop zum HL;
2. in der von Joh. Meursius 1617 in Leiden herausgegebenen und dem Eusebius von Cäsarea zugeschriebenen expositio in Cant. canticorum (citiert nach Meursii opera, t. VIII. Florentiae 1746);
3. in der Topographie des Cosmas Indicopleustes (ca. 535).

Die Abweichung aller dieser Quellen voneinander beweist nun, dass wir nicht das ursprüngliche und ganze Werk des Philo in unserem griechischen Texte vor uns haben. Giacomelli

---

[1]) Migne SG 41 col. 85. 146.

glaubte die Abweichungen daraus erklären zu können, dass Philo zwei Ausgaben des Kommentars veranstaltet habe. Dem stellte dagegen J. A. Ernesti (Neueste theologische Bibliothek III 6, Leipzig 1774 p. 483—492) die Vermutung gegenüber, dass der uns erhaltene griechische Komm. stellenweise nur ein Auszug aus dem echten des Philo sei. Er begründet sie damit, dass die Anmerkungen oft ganz kurze Scholien sind, die weder zu dem Titel Ἑρμηνεία noch zu der Bezeichnung des Verfassers als ῥήτωρ passen. Diese Vermutung ist mir durch eine Vergleichung der Auszüge in den beiden Katenen mit dem griechischen Texte sehr wahrscheinlich geworden.

Die Vergleichung der Katenen ist freilich bei der Gestalt ihrer Überlieferung mit aller Vorsicht zu vollziehen; aber wenn der Boden auch unsicher ist, so sind doch sichere Spuren da, welche es sehr wahrscheinlich machen, dass der Komm. des Philo, den Procop und Euseb. benutzten, ausführlicher war als der uns überlieferte. Die Erklärung der Zahl 60, 6 7, 117[a] ist gar nicht zu verstehen; Proc. 1721[a] und Eus. 212 zeigen, dass sie wie die des Gregor von Nyssa war, nicht wie die des Hippolyt (cf. Philo 81[a]). Ferner fehlt 121[a] die Habakukstelle, die zum Verständnis unbedingt notwendig ist: Proc. 1725 hat sie; ebenso fehlt die Erklärung der Worte οὐκ ἔγνω u. s. w., die Procop hat. Weitere Erklärungen, die Proc. dem Philo zuschreibt, die aber in dessen Kommentar fehlen, finden sich Proc. 1729[d], 1733[b], 1736[c] πρὸς τὰς Ἐκκλησίας ἢ τῶν πιστῶν τὰς ψυχάς. Ebenso fehlen Einzelheiten der Deutung von 5 11 bei Eus. u. Proc., und von 6 1 und 5 bei Euseb., im Komm. selbst.

Wenn also unser griechischer Text meist sehr kurz und kompendiös ist, so rührt diese Kürze sehr wahrscheinlich von einem Epitomator her. Ihm sind wohl auch manche Unklarheiten unseres Textes zuzuschreiben. Trotzdem bleibt Philo der geistloseste all der griechischen Exegeten, die hier zu besprechen sind. Ein einheitlicher Gedanke ist nirgends wahrnehmbar. Es werden meist nur Worterklärungen gegeben, wobei in der pedantischsten Weise andere Bibelstellen, meist aus dem Evangelium, verglichen werden. Nur einmal ist ein längerer Abschnitt unter einem Gesichtspunkt erklärt, indem 5 1-6 auf den Tod und die Auferstehung Christi gedeutet wird. „Ich schlafe" am Kreuze; „aber mein Herz wacht", indem die göttliche Natur in mir sich dem Hades entzieht u. s. w. Ein Beispiel, wie äusserlich die Worterklärungen sind, sei 6 3 τεταγμέναι, das damit erklärt wird, dass Acta 13 48 steht: „Es glaubten, so viele zum ewigen Leben τεταγμένοι waren." Dabei tritt das „Christentum zweiten Ranges" stark hervor. 1 3 ὀσμὴ μύρων σου sind die Reliquien der Märtyrer 41 c; die goldenen Geschmeide der Braut 1 11 sind die heiligen Märtyrer, die silbernen Punkte ihre Wunden und Striemen 53 b. c (cf. Sap. 3 6, Gal. 6 17). Auch sonst werden die Märtyrer häufig genannt, 64 a, 84 d, 105 d. Die materialistische Auffassung des Abendmahls tritt in der Auslegung von 7 4 hervor: Die Diakonen sind der „Hals" der Kirche, weil sie Leib und Blut Christi, also „das Haupt" der Kirche tragen. 8 13 ist der καθήμενος ἐν κήποις der Bischof in der Kathedra, die ἑταῖροι προσέχοντες die Diakonen; und dergleichen mehr.

Auffallend ist, dass Philo in den Deutungen der Eigennamen vielfach von den anderen griechischen Kommentatoren abweicht; er scheint ein besonderes Onomasticon benutzt zu haben. Κηδάρ deutet er mit ὀστρακίνη 45 c; cf. syr. קדרא (ebenso de Lagarde, Onom. ¹ 183 28), während alle anderen (auch Onom. 172 38) es mit „Finsternis" übersetzen. Ἀμιναδάβ = πατρὸς εὐδοκία, 121 a. c sieht wie ein durch halbe Kenntnis des Hebräischen veranlasstes Missverständnis der Deutung Onom. 34 11 „pater (für patruus) meus spontaneus vel urbanus" aus. Eigener Fund ist auch wohl die Übersetzung von Καιφάξ mit πέτρα 5 11 ¹) (cf. Κηφᾶς) und von (ἐν) Γαδδί mit ἐπίτευγμα (var. ἐπίταγμα); vielleicht nach Gen. 30 11 Γάδ = ἐν τύχῃ.

Ganz eigentümlich ist, dass Philo 6 12 statt Σουλαμιτις liest Ὀδολλαμιτις und dies μαρτυροῦσα εἰς ὕδωρ übersetzt (cf. Onom. 9 12, 196 6 Ὀδολὰμ μαρτυρία αὐτοῦ ἐν ὕδατι = עֵדוֹ לָמַיִם). ²)

---

¹) Cf. Hieron. ep. 37, wo statt „aurum Ophaz" zu lesen: „aurum Caephaz". ²) Dass diese Etymologie dem Volksverständnis entsprach, zeigt noch der heutige Name der Ruinenstätte 'id al-mā oder 'ā'id al mijje (cf. Guthes Karte und Gesenius-Buhl 556).

Proc. 1728ᵃ bietet dafür: Ἑτέρα γραφὴ Ὀδολομίτις ἔχει, τουτέστιν ἡ οὐρανία; das ist aber Übersetzung von Σουμανεῖτις, wie codd. B. 68. 155, oder Σωμανῖτις, wie V (= 23), 253 lesen [1]) (cf. S. 106). Bonwetsch hat in seinen „Studien zu den Kommentaren Hippolyts" (TuU neue Folge Bd. 1 1897 p. 8. 9. 16. 55) darauf hingewiesen, dass Philo sich in der Deutung der Brüste 1 ₂ u. s. w. auf die beiden Testamente und in der fast wörtlich gleichen Erklärung von 1 ₈ auffallend mit Hippolyt berührt, und daraus geschlossen, dass er dessen Komm. benutzt habe. Ganz fehl geht er freilich in der Annahme p. 55, Hippolyt sei jener ἕτερος, den Philo bei Proc. 1557ᵈ als Ausleger des HL nennt; denn dies ἕτερος fehlt bei Philo 49ᵇ und stammt vom Katenenschreiber, der damit Philo in Gegensatz zu Gregor von Nyssa setzen will. Es liesse sich ferner leicht nachweisen, dass die sämtlichen Gedanken, die sich bei Philo in der Erklärung von 1 ₇, ₈ finden, auch bei Origenes vorkommen; und auch auf die pointierte Kürze bei Proc. ist nichts zu geben, weil Philo selbst 49ᶜ ausführlicher ist. Immerhin bleibt die Thatsache zu erklären, dass Philo mit seiner Deutung der Brüste auf die beiden Testamente unter den Griechen allein sich mit Hippolyt berührt (cf. S. 48).

Ich möchte aber auch auf die grosse Verwandtschaft Philos mit den Abschnitten, die Bonwetsch p. 19 aus einer Schrift „Erfüllung der Weissagungen der Propheten" (Studien, p. 13) mitteilt, aufmerksam machen. Denn die dort gegebene Erklärung von HL 5 ₁₀ stimmt fast wörtlich mit Philo 108ᵇ (cf. Gregor Nyss. 1052d); ebenso die Erklärung von HL 2 ₃ mit Philo 61ᵃ.

Überhaupt ist Philos Komm. viel gelesen worden. Procop und Euseb exzerpierten ihn für ihre Katenen, und ebenso auch die drei slavischen Katenen, aus denen Bonwetsch die Hippolytfragmente schöpfte (cf. p. 344 seiner Hippolytausgabe).

---

[1]) Beide Namen sind auch Onom.[1] 199 ₇₄ verwechselt, wo Σουμανίτις ὕδωρ ἢ μαρτυροῦσα doch eigentlich Erklärung von Ὀδολλαμίτις ist.

Theodor von Mopsuestia.

Theodor, der hervorragendste Exeget der mittleren antiochenischen Schule, 392—428 Bischof von Mopsuestia, wurde auf der 5. ökumenischen Synode wegen seiner Christologie und seiner freien Stellung zum Kanon anathematisiert. In den Akten der Synode sind uns auch die Auszüge aus einer Schrift Theodors über das HL erhalten, die in der vierten Sitzung verlesen wurde (Coll. IV § 68—71. Mansi IX 225—227). Da die lateinische Übersetzung der Akten sehr ungelenk und der Text offenbar an mehreren Stellen verderbt ist, gebe ich im folgenden eine Übersetzung des Textes, so gut ich ihn verstehe:

§ 68. Ferner verachtet aber dieser Theodor auch noch das HL und behauptet, dass Salomo es sozusagen auf seine Geliebte geschrieben habe, wobei er Äusserungen thut, die christliche Ohren beleidigen. Dieselben lauten so:

Während ich früher das HL nicht gern las, weil es weder in prophetischer Form noch in der einer Geschichtserzählung wie die Darstellung der Königsherrschaften verfasst ist, noch auch belehrende Ermahnungen enthält, so hat mich doch die Aufforderung in deinem Briefe, welche von mir, ohne eine Entschuldigung zuzulassen, Auskunft über das HL verlangt, zu eifrigerem Studium desselben veranlasst, obwohl auch so nicht ohne Zwang:[1]) denn ich habe nicht aufgehört, bis ich es bis zu Ende durchstudiert hatte, am Anfange der Lektüre mit einem gewissen heitern Interesse, dann aber häufig gähnend und schlafend, gleichsam von dem in dem Buche dargestellten Hochzeitsmahle, das noch dazu ein königliches ist, berückt (?).

---

[1]) Nicht hinter quidem, sondern hinter sic ist zu interpungieren.

§ 69. Und nach einigen Auslassungen weiter:
Und so machte die ägyptische Heirat [1]) denselben Salomo, der so infolge seiner Weisheit für Heiden und Juden als ein tüchtiger Mann rühmenswert und furchtbar war, weswegen auch der Friede zu seiner Zeit sicherer war als früher, weil die kriegliebenden Völker durch die Furcht vor seiner hervorragenden Kriegskenntnis gebändigt wurden — diesen selben Salomo machte die ägyptische Heirat in den Augen der Juden lasterhaft, als einen Übertreter der väterlichen Gesetze, welche die Heirat mit Fremden verboten. Dazu verfiel er auf (?) die Heirat mit einem Mädchen, das schon wegen seiner angeborenen hässlichen Farbe (denn Ägyptens Kinder sind dunkelfarbig) abschreckend war, noch abschreckender aber, weil es von Ham stammte, dem Erben des alten Fluches Noahs. Als infolgedessen Salomos Liebe zu seiner Gemahlin etwas abnahm und er ausserdem durch den Vorwurf der Gesetzesübertretung gereizt war, schrieb er eine poetische Entschuldigung, um so, durch Gedichte über seine Gemahlin angenehm gestimmt, auch seiner Gemahlin lieber zu werden. Seine Schmäher traf er aber sehr fein, indem er sie darstellt, als ob sie ihm Grund zur Fröhlichkeit [2]) gäben, nicht zur Reue über eine angeblich unpassende Heirat. Daher beginnt er auch sogleich mit dem Hochzeitskuss, indem er die neue Braut einführt mit der Erwiderung an die Tadelnden: „Es küsse mich mein Bräutigam mit den Küssen seines Mundes"; das Gebell eurer Vorwürfe kümmert mich nicht! Dann folgt ein noch schärferer Spott über den Tadel gegen seine Braut: „Schwarz bin ich und schön, ihr Töchter Jerusalems, wie die Wohnungen Kedars, wie die Decken Salomos." Macht mir meine Hautfarbe nicht zum Vorwurfe, sagt sie; ihr werdet doch auch

---

[1]) Lies mit Mansi connubium. [2]) Oder besser: als ob sie ihm Anlass zu einem Buche der Freude gäben u. s. w.

so einen wundervollen, schönen Bau aus arabischem schwarzen Stein nicht tadeln? Solchem Stein gleichen meine Glieder, wie gewisse Edelsteine (?): gerade die dunkle Farbe, die ihr in Liedern verhöhnt, verleiht mir die Ähnlichkeit mit solchen Steinen und dem königlichen Purpur, ja nicht bloss gewöhnlichem Königspurpur, sondern solchem, wie ihn Salomo trägt, der mehr als alle Könige Pracht liebt. — Aber auch der weitere Text des Liedes ist ein Spott über solche Vorwürfe, wie sie nur von thörichten Leuten ausgehen könnten, die ohne Grund fremdländisch nännten, was ihnen verwandt sei (1 6 γ).

§ 70. Und später weiter:

Jeder sonst, der ein Lied singt, freut sich daran Ich jedoch singe zwar dies Lied, aber nicht, um mich mit denen daran zu freuen, denen ich es singe; denn am liebsten würde ich den Klatsch über meine Hochzeit nicht für alle Zukunft verewigen. Nun aber, da ich, weil eine Entschuldigung unumgänglich ist, singen will, sehe ich mich auch gezwungen, zu singen, was ich lieber nicht sänge, so dass mein Lied anderen Liedern nicht gleicht. Denn mitunter (?) muss ich mit der Braut zur öffentlichen Entschuldigung dessen singen, was man tadelt, und so laut von dem reden, was Brautleuten zu verbergen ziemt. Da sie uns durch ihre Vorwürfe zu betrüben und durch ihre tadelnden Sticheleien zu trennen glauben, mögen sie hören, wie wir unsere Umarmungen heiss besingen, und um so mehr den Duft unserer Hochzeitssalben empfinden. Mögen ihre Ohren klingen von den tragischen Liedern (?) über unsere Küsse! Nenne du deine Schwärze purpurn, meine Braut, nenne sie lieblich! Dein verhöhntes Haus ist ruhmvollen Stammes,[1] ist Israel verwandt. Beginne mit dem Anfange der Antwort an sie: aus meinen heissen Küssen mögen sie erkennen, wie wir uns mit

---

[1] 7 1: $Ναδάβ - εὐδοκία$ nach den Onomasticis (Lag.¹ 203 19).

einander in Liebesgesprächen ergötzen (8 13). Mögen die stichelnden Tadler lernen, dass die „schweigsame Zither Hochzeiten liebt"! Mögen sie unter Flüchen sehen, dass sie uns gelten, als hätten sie auf unserer Hochzeit getanzt (6 12?)! Mögen sie daraus lernen, nicht zu fluchen, weil sie eine Liebe erregt haben (2 7 etc.), welche den Tadlern Angenehmeres erwidert! Möge von unseren Küssen ein bitterer Stachel durch ihr Ohr in ihr Herz dringen! — Das etwa ist die Absicht des Schriftstellers. Auch damit beabsichtigte er etwas, dass er anonym schrieb, indem er dadurch fast Israel zurief, dass es nicht aus seinem (Salomos) eignem Antriebe verfasst sei, sondern dass er durch die Anfeindung dazu gezwungen sei.

§ 71. Nach einigen Auslassungen weiter:
Leser, die alles dies erwägen, dürfen weder annehmen, dass das Buch von dem weisesten Manne verfasst sei, um zur Unsittlichkeit zu reizen, und es deswegen hassen; (denn welchen Nutzen hätte Salomo davon gehabt, sich auf unsittliche Schriftstellerei zu werfen, er, der auch ohne solche Schriftstellerei Macht zur Unsittlichkeit hatte?) — noch dürfen sie das Buch loben, als enthalte es eine prophetische Darstellung der Güter der Kirche. Denn wenn es prophetische Würde verdiente, würde es irgendwo Gott erwähnt haben;[1]) denn in jeder prophetischen Schrift wird Gott erwähnt. Sondern alle müssen wissen, dass dies Buch hochzeitlicher Missgunst ein Tischlied ist, wie später auch Plato das „Gastmahl" über die Liebe schrieb. Daher haben auch weder die Juden, noch wir jemals das HL öffentlich verlesen, weil es ja ein häusliches und hochzeitliches Lied des Salomo für Gastmähler ist, welches Vorwürfe gegen seine Braut behandelt.
Damit hat man die Ausführungen zu vergleichen, die Bar

---

[1] 8 6 שַׁלְהֶבֶתְיָה. ⓖ φλόγες αὐτῆς = שַׁלְהֲבֹתֶיהָ.

Hebräus im Horreum mysteriorum (Auṣar rāzē) als Einleitung zum HL gibt:[1]

„Die heiligen Lehrer Gregor von Nyssa, Chrysostomus und Hippolyt haben dieses Buch auf die menschliche Seele gedeutet, die nach der Gemeinschaft mit Gott dürstet; Theodor dagegen, der Exeget der Nestorianer, auf die Tochter Pharaos, die, weil sie schwarz war, von den Hebräerinnen geschmäht wurde."
Er sagt:

„Salomo lobte sie mit diesen Worten, damit sie nicht ärgerlich würde und so der Friede zwischen ihm und ihrem Vater gestört würde. Aus diesem Grunde brachte er sie dann auch aus Jerusalem fort und liess sie in jenem grossen Hause wohnen, welches er ihr auf dem Gebirge Libanon baute."[2]

„Dass diese Ansicht nicht richtig ist, kann man daraus ersehen, dass, wenn es auch kein König gewesen wäre, sondern ein Privatmann — geschweige denn, wenn es Salomo war — er sich geschämt hätte, von seiner Frau zu erzählen, dass sie nachts in den Strassen umherlief und die Wächter sie abfassten und verwundeten. Er hätte sich ferner auch nicht erlaubt, ihre Hüften und ihren Nabel zu loben. Die Juden aber, obwohl sie sonst somatischer sind, beziehen seinen Gegenstand nach der Lehre ihrer Synagoge auf Gott; andere aber auf die Schūlūmitin Abisag,[3] weil diese darin erwähnt wird."

Endlich vergleiche die Ausführungen des Leontius im dritten Buche der Schrift „Gegen die Nestorianer und Eutychianer", c. 16, Migne SG 86 col. 1366:

„Aber selbst das allerheiligste HL, das von allen Theosophen, von allen Christen gepriesen wird, das den Kirchen der ganzen Welt bekannt ist und das selbst von den Juden, den Feinden des Kreuzes Christi bewundert wird, schied dieser masslos freche und kühne Mensch aus den heiligen Schriften aus, weil er es nach

---

[1] Des Gregorius Abulfarag Anmerkungen zu den salomonischen Schriften, hrsg. von Alfred Rahlfs (Göttinger Diss.), Leipzig 1887 p. 20 f.
[2] 1 Kön. 3₁, 7₂₋₈. [3] Auch 1 Kön. 1₃ hat ܫ „Abīšag Šīlūmītā."

seiner unkeuschen Gesinnung und Redeweise auffasste. Was hätte denn der in ihm wirksame Erfinder und Vater der Gottlosigkeit auch unterlassen sollen?" Danach hätte also Theodor das HL aus dem Kanon ausgesondert und in die Reihe der deutero-kanonischen Bücher verwiesen. Theodor selbst sagt davon in den Ausführungen seines Briefes nichts. Aber es stimmt damit überein, wenn Junilius, Instituta c. 5, das HL in die zweite Klasse der heiligen Schriften versetzt (cf. Kihn, Theodor von Mopsuestia und Junilius Africanus als Exegeten. Freiburg i/B. 1880 § 365). In die Bibelhandschriften der Syrer ist das jedoch nicht übergegangen, weil hier der Einfluss der alten Peschito stets massgebend blieb.

Man streitet nun, ob die in den Konzilsakten mitgeteilten Auszüge aus dem Widmungsschreiben eines Kommentars oder aus einem einfachen Briefe stammen. Dass Theodor das HL für deuterokanonisch erklärte, würde gegen erstere Annahme nicht sprechen: that er dasselbe doch auch beim Buche Hiob und kommentierte es dennoch. Allein dem ganzen Ton des Schreibens scheint es mir mehr zu entsprechen, wenn Theodor hier seine ganze Ansicht darlegen und nicht etwa noch einen vollständigen Kommentar folgen lassen wollte. Ausserdem ist beachtenswert, dass in dem Kataloge des 'Ebed Jesu ein Kommentar zum HL nicht erwähnt wird (J. S. Assemani, Bibl. Orient. III 30 ff.). Endlich können auch die Angaben des Bar Hebräus sehr wohl aus dem obigen Briefe stammen. Die Frage ist also dahin zu entscheiden, dass Theodor einen eigentlichen Kommentar zum HL nicht geschrieben, sondern nur in einem ausführlichen Briefe sein Verständniss des HL klar gelegt hat (ebenso Swete, Dict. Christ. Biogr. IV 940).

Seine Exegese nun, die jüdischem Denken auf das schroffste widerspricht (cf. Weber [1] 366), hat er ganz aus dem $\mu\acute{\epsilon}\lambda\alpha\iota\nu\acute{\alpha}$ $\epsilon\grave{\iota}\mu\iota$ 1 5 herausgeklügelt. Besonders glücklich wird man sie nicht nennen können. Trotzdem haben die Nestorianer, denen Theodor „ein Meer der Weisheit" und in biblischen Fragen die höchste Autorität war, „der Exeget" $\varkappa\alpha\tau'\,\dot{\epsilon}\xi o\chi\acute{\eta}\nu$, dem die Engel selbst in leibhaftiger Gestalt das richtige Verständnis der Schrift ins Ohr raunten, auch sie adoptiert (cf. Kihn 366). Wir wissen das aus Junilius und Bar Hebräus; es ist aber auch noch anderweitig nachzuweisen. Die äthiopische Kirche deutet noch heute das HL auf die Tochter des Ägypterkönigs (ähnlich wie sie Ps. 45 auf die Reise der Königin von Saba nach Jerusalem deutet).[1]) Daher verbietet sie den jüngeren Priestern, wie allen Diakonen, Laien und Frauen, dasselbe zu lesen, und erlaubt dies nur älteren Priestern. Da nun nachgewiesen ist, dass die äthiopische Kirche im 6. Jahrhundert von der syrischen beeinflusst wurde,[2]) so werden wir auch in jener Erklärung des HL syrischen Einfluss, also Einfluss Theodors zu sehen haben. Seltsam genug freilich, dass so ein Nestorianer der Exeget der monophysitischen Kirche Äthiopiens geworden ist.

Theodoret.

Theodor ist von seinen Schülern und Freunden hoch verehrt worden; aber in Einzelheiten haben diese aufs heftigste gegen seine Aufstellungen polemisiert. Sein eigener Bruder Polychronius rügte seine Exegese des Buches Hiob, auch sein Freund Chrysostomus hatte unter Umständen harte Worte gegen ihn; und so wird man sich auch nicht wundern, wenn man bei einem Schüler, der sonst bewundernd zu ihm aufblickte, einen scharfen Protest gegen seine HLexegese findet, nämlich bei Theodoret.

Theodoret, Bischof von Kyrrhos, † ca. 457, widmete den

---

[1]) Bruce, Reisen zur Entdeckung des Nils, deutsch von Volkmann. Bd. 1. 1780. p. 539. [2]) Cf. L. Hackspill, Zeitschrift für Assyriologie, hrsg. von Bezold, Bd. XI. 1896 p. 153 ff. — Dass die Nestorianer die Monophysiten in Kanon und Exegese beeinflusst haben, ist auch sonst erwiesen. Cf. Buhl, Kanon p. 52.

Kommentar zum HL (MSG 81 col. 27—214), sein frühestes exegetisches Werk, dem Freunde, auf dessen Wunsch er ihn verfasst hatte, dem Johannes von Germanicia.[1]) Der Kommentar besteht aus einer Einleitung, 27—48, und vier Büchern à ca. 40 Spalten bei Migne, das erste 1 ı—2 6 behandelnd, das zweite 2 ⁊—4 ⁊, das dritte 4 8—6 8, das vierte 6 9 bis zum Schluss. Die Echtheit dieses Werkes ist bestritten worden. Garner schwankte (MSG 84 col. 217—222); Schulze entschied sich zu Gunsten der Echtheit (80, 34), indem er auf das Zeugnis der Handschriften und die Gleichheit der Erklärung von Ez. 16 in der Vorrede zum HL und in dem Kommentare zu Ezechiel verwies. Die Erklärungen stimmen thatsächlich oftmals wörtlich überein. Ebenso ist auch die Erklärung von Ps. 45 im Psalmenkommentare und in dem Kommentare zum HL oft gleich; cf. 120 c = Ps. 45 9 und 137 b = Ps. 45 13. Doch finden sich auch Abweichungen von anderen exegetischen Schriften des Theodoret. Z. B. im Kommentare zum HL 52 d wird der Titel mit Origenes als „das höchste aller biblischen Lieder" erklärt, dagegen in den Ὑπομνηστικά mit Hippolyt als das unter mehreren Liedern Salomos auserwählte (MSG 84, 32 b: Τὸ Ἆσμα τοῦ Σολομῶντος τὸ μυστικὸν ἐξ ᾀσμάτων πλειόνων ἐξειλέχθαι ἐπιγέγραπται). Was am meisten für die Echtheit geltend gemacht werden kann, ist, dass Gregor der Grosse in der nachher anzuführenden Stelle unseren Kommentar als von Theodoret stammend citiert; das wichtigste Argument gegen die Echtheit ist nach meiner Meinung, dass Procop den Kommentar des Theodoret nicht in seine Katene zum HL aufgenommen hat. Der einzige den Namen Theodorets tragende Abschnitt in ihr, MSG 87, 1554, stammt nicht aus dem HL-kommentare, sondern aus dem Psalmenkommentare des Theodoret (zu Ps. 86 (H. 87) v. 4, MSG 80, 1565, Schulze I 1219). Wenn aber Procop aus einem anderen Buche des Theodoret eine Erklärung zum HL entlehnte, so hätte er doch um so mehr den Kommentar für die Katene exzerpiert, wenn er ihn gekannt

---

[1]) Dict. Christ. Biogr. III 916.

hätte. — Doch wie man das auch erklären mag, die positiven Zeugnisse scheinen mir entscheidend. Die Abweichung des Stils dieses Kommentars von anderen des Theodoret — in letzeren von prägnanter Kürze, in diesem weitschweifiger und wortreicher — kann man sehr wohl mit Schulze, MSG 80, 55 d daraus erklären, dass er seiner ersten schriftstellerischen Thätigkeit entstammt, wie er denn auch in der Aufzählung der Werke, 80, 859 b, zuerst steht.

Am interessantesten an diesem Komm. ist die Einleitung, in welcher Theodoret das HL gegen diejenigen verteidigt, die es in Verblendung und Unverstand falsch verstehen. Die einen meinen, Salomo habe es auf sich und die Tochter Pharaos geschrieben; andere sehen, ebenso thöricht, in der Braut die Sunamitin Abisag; eine dritte Gruppe endlich betrachtet es als eine Allegorie, in der die Braut das Volk und der König der Bräutigam ist. Während aber die letzteren in ihrer Deutung wenigstens noch einige Scheu vor dem Heiligen zeigen, finden die ersteren darin nur die ἀκρασία und φιληδονία gefeiert und müssen so seinen geistlichen Charakter und seine Inspiration leugnen. Obwohl Theodoret dabei den Namen seines Lehrers verschwieg, wusste doch jedermann, dass dieser besonders gemeint sei. So schreibt Gregor der Grosse: „Als Theodor von Mopsuestia das HL auslegen wollte, erklärte er, dass dies Buch eine Schmeichelei gegen die äthiopische Königin sei. Das tadelt Theodoret in seinem Komm. zu diesem Buche und weist den Wahnsinn Theodors nach, wobei er jedoch seinen Namen verschweigt."[1])

---

[1]) Mansi IX col. 452: aus dem dritten Briefe, den Pelagius II (oder besser Gregor der Grosse in dessen Auftrage) an die Bischöfe von Istrien schrieb:

Alia vero scripta illius (Theodoreti) non solum recipimus, sed eis etiam contra adversarios utimur. Nam cum Theodorus Canticum canticorum vellet exponere et non ad commenta, sed potius ad deliramenta laboraret, per hunc librum Aethiopissae reginae blanditum fuisse professus est, quod Theodoretus reprehendens nomen quidem eiusdem Theodori supprimit, sed tamen vesaniam patefecit. Eiusdem namque libri commenta conscribens ait: „Audio plures Cant. cant. detrahentes et non credentes spiritalem esse librum, fabulas autem quasdam aniculares per vesaniam texentes com-

Die ganze Einleitung des Komm. ist nun der Widerlegung dieser Auffassung des Buches gewidmet. Schon das musste die Vertreter derselben davon abbringen, dass die viel weiseren Kirchenväter der Vergangenheit die Heiligkeit des Buches bezeugt hatten, sei es durch besondere Kommentare, sei es durch Bemerkungen darüber in anderen Schriften 32 b. So Eusebius von Cäsarea,[1]) Origenes, Cyprian von Karthago[2]) und noch ältere, die dem Zeitalter der Apostel noch näher stehen. So auch Basilius in der Erklärung des Anfangs der Proverbien,[3]) beide Gregore, Diodor von Tarsus, Johannes Chrysostomus und alle Späteren. Doch wozu Menschen anführen, wo der Heilige Geist selbst spricht, der die unter Manasse und im Exil verloren gegangenen heiligen Bücher durch Esra ohne eine Vorlage zum Besten der Menschheit neu hat schreiben lassen? (29 d).[4]) Das HL fleischlich auslegen ist also Lästerung des Heiligen Geistes selbst 32 b.

Das Motiv jener Leute war dies, dass sie nicht über den Buchstaben hinausgehen wollten. Das beweist aber nur, dass sie die Redeweise der Heiligen Schrift nicht kannten. Denn diese redet oft τροπικῶς, so dass der Sinn ein anderer ist als der Wortlaut 27ᵃ, 33ᵃ.[5]) Das geben selbst die Juden zu, die doch sonst die Schrift fleischlicher und krasser als die Christen

---

ponere et praesumere dicentes, quia sapiens Salomon ad seipsum et filiam Pharaonis librum conscripsit" (MSG 81, 29ᵃ).
[1]) Cf. dessen ἐκλογαὶ προφητικαί III 6, MSG 22, 1152. [2]) Cyprian deutet ep. 75 14, 69 2, 74 11 die Braut des HL, Cant. 4 8, 5 1 auf die ecclesia catholica und beweist deren Einheit gegenüber den Häretikern de cath. eccl. unitate 4 aus Cant. 6 8. Dies Argument ist später oft wiederholt: so von Pacianus, Bischof von Barcelona, † ca. 390, in dem Briefe „de catholico nomine" an den Novatianer Sympronius (Gallandii Bibl. vet. patrum VII 258 d, 262, 269); ebenso in den canones der römischen Synode von 386, Gall. VII 547, und öfter; cf. Sabatier, Bibliorum s. latinae versiones antiquae I 2 p. 385 zu Cant. 6 8. [3]) Gemeint ist die 12. Homilie: In princ. Proverb. MSG 31 col. 388 cf. oben S. 70. [4]) Cf. Tertullian, de cultu fem. I 3, und Strack, PRE² VII 415. [5]) So erklärt bekanntlich Quinctilian das Wesen der Allegorie: aliud verbis, aliud sensu ostendo. Zwischen „tropisch" und „allegorisch" wird im HL komm. des Theodoret nicht unterschieden; cf. 37 c τροπικῶς, 40ᵃ κατὰ τοὺς τῆς ἀλληγορίας νόμους.

verstehen. Ein deutlicher Beweis dafür ist Ez. 16 2–12, wo der Bund Gottes mit seinem Volke als eine Ehe dargestellt wird. Wir aber setzen an Stelle der alten Braut die neue und verstehen so τὰ αἰνιγματωδῶς καὶ μυστικῶς εἰρημένα des HL von Christus und der Kirche 44 d. Denselben Gegenstand hat auch schon Salomos Vater im 45. Ps. in prophetischem Geiste unter derselben Allegorie behandelt; und es ist daher nicht unwahrscheinlich, dass Salomo den Inhalt dieses Buches von seinem Vater überliefert erhalten hat 48 b. Somit entspricht die allegorische Deutung des HL völlig den Intentionen des Verfassers und dem Geiste der Heiligen Schrift.

Am Schlusse der Einleitung entschuldigt sich Theodoret, wenn man manches in seinem Komm. finde, was schon andere vor ihm geschrieben haben. Denn die ihnen entlehnten Erklärungen sind nicht gestohlenes Gut, sondern ein väterliches Erbe 48 c. Gewiss meinte er mit diesen Vorgängern vor allem den Origenes; denn die Ähnlichkeit der Erklärungen beider Männer ist so gross, dass Theodorets Komm. stellenweise als eine freie Überarbeitung der τόμοι des Or. erscheint. Er hat freilich vieles gekürzt, wie es der Charakter seines Komm. forderte; er hat ferner allzuweit hergeholte und zu gesuchte Deutungen des Or. durch einfachere und glücklichere ersetzt: sein nüchterner Sinn scheute zurück, wo Origenes Gedankenflug zu hoch ging. Aber während Gregor von Nyssa im Geiste des Or. frei spekuliert, nur manchmal von seinen Gedanken angeregt, entlehnt Theod. die Gedanken und oft auch den Wortlaut dem Or.; sein Werk ist eine verkürzte und gewissermassen verkirchlichte praktische Umarbeitung der τόμοι.

Ich will diese Behauptung durch 4 Beispiele illustrieren, von denen zwei die Parallelen zu der Erklärung des Theodoret in der Überarbeitung des Rufin, zwei in dem Auszuge des Procop geben:

Origenes, ed. Lomm. XV 62 5.	MSG 81 2 col. 100 28.
Per has ergo sermo Dei incumbens, et prospiciens provocat exsurgere, et ad se venire	Καὶ εἰς μὲν τὸν θάλαμον αὐτῆς οὐδέπω εἰσελήλυθεν ἔξω δὲ τοῦ τοίχου ἑστηκὼς παρακύπτει διὰ

animam. Possumus autem sensus corporeos fenestras intelligere, per quas aut mors, aut vita intrat ad animam; sic enim designat Hieremias propheta, cum de peccatoribus loquitur, dicens: „adscendit mors per fenestras vestras". Quomodo adscendit mors per fenestras? Si oculi peccatoris videant mulierem, et moechentur eam in corde suo, sic mors ingressa est ad animam per fenestras oculorum. Sed et cum recipit quis auditum vanum et praecipue falsae scientiae dogmatum perversorum, tunc per aurium fenestras mors ingreditur ad animam. Si vero anima intuens ornamentum mundi, et ex pulchritudine creaturarum conditorem omnium intelligat Deum, et opera eius miretur, laudetque operum creatorem, ad animam hanc vita ingreditur per fenestras oculorum.

Or. XIV 415 D.

Tunc enim castitas et pudicitia et virginitas, quae prius non fuerat, per ecclesiae genas specioso decore diffusa est. Quae tamen genarum species, id est, pudicitiae et castitatis,

τῶν θυρίδων· θύρας δὲ τὰς αἰσθήσεις καλεῖ. Ὥσπερ γὰρ διὰ θυρίδων τῶν αἰσθήσεων εἰσρεῖ τῇ ψυχῇ τά τε ἀγαθὰ καὶ τἀναντία, καὶ πάλιν ἐκεῖθεν ἐκρεῖ. Διὸ καὶ ὁ προφήτης φησὶν Ἱερεμίας, ὅτι „Θάνατος ἀνέβη διὰ τῶν θυρίδων".

„Ὁ γὰρ ἐμβλέψας γυναῖκα πρὸς τὸ ἐπιθυμῆσαι αὐτῆς ἤδη ἐμοίχευσεν αὐτὴν ἐν τῇ καρδίᾳ αὐτοῦ", καὶ εἰσέρχεται θάνατος διὰ τῶν θυρίδων. Καὶ ὁ παραδεξάμενος ἀκοὴν ματαίαν, δέχεται θάνατον διὰ τῶν θυρίδων.

Ἀλλ᾽ ἡ νύμφη νῦν τῆς ὥρας τοῦ νυμφίου[1]) διὰ τῶν θυρίδων ἀπολαύει.

77 21.

Ἐπαινεῖ τοίνυν ὁ νυμφίος τοὺς τὴν σεμνότητα μετιόντας, καὶ τὸ τῆς αἰδοῦς ἐρύθημα κεκτημένους καί φησιν· „Ὡραιώθησαν σιαγόνες σου ὡς τρυγόνος."

Τὴν δὲ τρυγόνα φασὶν οἱ τὰς

---

[1]) Der Bräutigam, d. h. der Logos, ist der Schöpfer der von Origenes geschilderten schönen Welt.

turturibus comparatur. Turturum ferunt huiusmodi naturam esse, ut neque masculus praeter unam feminam adeat aliam, nec femina plus quam unum patiatur marem: ita ut, si accidat, altero intercepto superesse alterum, pariter cum conjuge exstinctus sit ei concubitus amor. Convenienter ergo similitudo turturis aptatur ecclesiae, quod vel alterius viri post Christum conjugium nesciat, vel quod continentiae et pudicitiae in ea tamquam turturum volitet multitudo. Secundum hanc intelligentiam etiam cervicem sponsae accipiamus. Quae sine dubio illae intelligi debent animae, quae Christi jugum suscipiunt, dicentis: „suscipite super vos jugum meum, quia jugum meum suave est". Obedientia ergo ejus cervices ejus appellantur. Cervix ergo ejus speciosa facta est sicut redimicula.

Proc. (Or. XV 96).

Χείλη δὲ οἱ διδάσκαλοι.

φύσεις τῶν ζώων συγγεγραφότες, οὐ φιλέρημον εἶναι μόνον, ἀλλὰ καὶ σώφρονα, καὶ τόν τε ἄρρενα μιᾷ θηλείᾳ συναπτόμενον, τὴν δὲ θήλειαν ἑνὶ ἄρρενι κοινωνοῦσαν, καὶ οὐδὲ μετὰ τὴν ἀποβίωσιν ἑτέρῳ ἢ ἑτέρᾳ συναφθῆναι ἀνεχομένην. Εἰκότως τοίνυν ταύτῃ ἐοικέναι τὴν Ἐκκλησίαν φησὶ τὴν τῷ Χριστῷ συναφθεῖσαν, καὶ τὰς τῶν ἄλλων κοινωνίας διαφυγοῦσαν, καὶ μηδὲ μετὰ τὸν θάνατον αὐτοῦ καταλιπεῖν αὐτὸν ἀνεχομένην, ἀλλὰ ἀναμείνασαν τὴν ἀνάστασιν, καὶ ἀναμένουσαν αὐτοῦ τὴν δευτέραν παρουσίαν. Καὶ τὸν τράχηλον δὲ αὐτῆς ὁρμίσκοις ἐοικέναι φησί. Περιδέραιον δέ ἐστι τοῦτο, καὶ εἶδος κόσμου τὸν τράχηλον καλλωπίζοντος. Ἐπαινεῖ δὲ αὐτὴν καλῶς ἕλκουσαν τὸν τῆς εὐσεβείας ζυγὸν, περὶ οὗ φησιν ἐν Εὐαγγελίοις ὁ νυμφίος· „Ἄρατε τὸν ζυγόν μου ἐφ' ὑμᾶς, ὅτι ὁ ζυγός μου χρηστὸς καὶ τὸ φορτίον μου ἐλαφρόν ἐστι." Διὰ τοῦτο ἐν τοῖς Ἄσμασι θαυμάζει τὸν τράχηλον τὸν τοῦτον φέροντα τὸν ζυγόν.

141 27.

„Διὸ καὶ ὁ νυμφίος φησὶν αὐτῇ· „Κηρίον ἀποστάζει χείλη σου· νύμφη. Μέλι καὶ γάλα ὑπὸ τὴν γλῶσσάν σου." Δηλοῖ δὲ ἐνταῦθα τοὺς τῆς Ἐκκλησίας διδασκάλους, τὴν εὐσεβῆ διδασκαλίαν προσφέρον-

καὶ κηρία μέλιτος λόγοι καλοί.

Εἰργάσαντο δὲ κηρίον καὶ μέλι προφῆται καὶ ἀπόστολοι.

Proc. (Or. XV 98 22).

„Βόστρυχοι αὐτοῦ ἐλάται." Οἱ βόστρυχοι διὰ τὴν πυκνότητα παραβάλλονται ταῖς τῶν φοινίκων ἐλάταις, ἅς φασιν ἀντὶ σπέρματος εἶναι ταῖς θηλείαις φοίνιξιν, ὥστε καρπὸν φέρειν ἐδώδιμον· διὰ δὲ τὴν βαθύτητα τῶν ὥσπερ ἐκφυέντων ἀντὶ τριχῶν λογισμῶν μέλανες ἐπαινετῶς ὀνομάζονται, τῷ τοῦ νυμφίου συμβαλλόμεναι κάλλει.

τας, καὶ οἱονεὶ κηρίον μελισσῶν ἐν τοῖς χείλεσι φέροντας, καὶ τὰς σταγόνας τοῦ μέλιτος ἀποστάζοντας· ἔχοντας δὲ οὐ μόνον μέλι, ἀλλὰ καὶ γάλα, καὶ ἑκάστῳ τὴν πρόσφορον προσφέροντας τροφήν, καὶ τοῖς νηπίοις τὴν ἁρμόττουσαν, καὶ τοῖς τελείοις τὴν προσήκουσαν. Τὰ δὲ κηρία τοῦ μέλιτος, τὰ ἐν τοῖς χείλεσι τῶν διδασκάλων φερόμενα, αἱ θεῖαι τυγχάνουσι Γραφαί, μελίττας ἔχουσαι κηροπλαστούσας καὶ μελιτουργούσας, τοὺς ἱεροὺς προφήτας καὶ ἀποστόλους.

160 3.

„Βόστρυχοι αὐτοῦ ἐλάται, μέλανες ὡς κόραξ." Τὰς ἐκ τῆς κεφαλῆς ἐκείνου προχεομένας χάριτας ἡγοῦμαι βοστρύχους ὀνομάζεσθαι· μέλανας μὲν κατ' ἄλλο, ἐλάτας δὲ καθ' ἕτερον ὀνομαζομένους. Αἱ γὰρ ἐλάται καρπός εἰσι φοινίκων ἀρσένων, ταῖς θήλεσιν ἐπιβαλλόμενοι, καὶ ὠρίμους γίνεσθαι παρασκευάζοντες τοὺς ἐκείνων καρπούς. Ἐπειδὴ τοίνυν τῶν ποικίλων αὐτοῦ χαρισμάτων ἀπολαύοντες οἱ πεπιστευκότες αὐτῷ καρποφοροῦσιν αὐτῷ τὴν εὐσέβειαν, ἐλάταις εἰκότως ἀπεικάζει τοὺς βοστρύχους· μέλανας δὲ προσαγορεύει διὰ τοῦ βαθέος χρώματος καὶ σκοτεινοῦ, τὸ ἀνέφικτον τῶν οἰκονομιῶν παραδηλῶν.

Abweichungen von Or., die zum Teil glücklich sind, finden sich z. B. bei 1 8.9, 5 2·7 und 7 1. Sehr charakteristisch ist die Abweichung von Or. bei 7₄: Or. denkt den Libanonturm als Warte, von welcher der Vollkommene ausschaut, ob auch in Damascus, bei den Heiden, eine gute Lehre zu finden sei; Theod. wendet das dahin, dass die Kirche von dort ausspäht, um Angriffe des Feindes bemerken und abwehren zu können. Ob Theod. noch andere Komm. des HL in dieser Weise benutzt hat, ist zweifelhaft. Insbesondere habe ich keine Übereinstimmung mit Gregor von Nyssa bemerkt, die nicht auf Or. zurückgehen könnte. So stimmt die Deutung der Zahl 80, 6₇, mit Gregor 1116c; aber mit ihr stimmt auch die des Isidor von Pelusium, Proc. 1721c. Sie stammt also wohl von Origenes; cf. XV 101 ult.: φόβῳ θεοῦ. — Die beiden Deutungen auf die Kirche und die vollkommene Seele werden je nach dem zu deutenden Worte angewandt. Ihren Höhepunkt findet ἡ τοῦ θείου λόγου καὶ τῆς εὐσεβοῦς ψυχῆς κοινωνία 61a in der Erkenntnis der Geheimnisse Gottes 61b (θεωρητικὴ ἀρετή) (cf. den index graecus s. v. θεωρία); dagegen nach anderen Stellen, 128a u. ö., in der Kommunion, wo der Gläubige mit dem Herrn aufs innigste vereinigt wird (cf. Harnack, DG. II³ p. 435 n¹).

Theodorets Komm. ist eine Hauptfundstätte für die Reste der Hexapla zum HL. Es ist auffallend, dass Theodoret fast nur solche Abweichungen der anderen Übersetzer gibt, die wir in Procops Exzerpten aus Or. nicht finden. Vielleicht hat er also die Hexapla des Or. selbst benutzt; doch wissen wir ja nicht, wie weit die Kommentare des Or. in der Mitteilung solcher Lesarten gingen. 204d wird auch eine Verschiedenheit der Lesarten in den Handschriften von 𝔊 angeführt.

Die Deutung hebräischer Eigennamen, die Theod. gibt, gehen alle auf Or. oder ein von ihm abhängiges Onomasticon zurück: so findet sich die Erklärung von Βοσόρ = σάρξ 120a zwar nicht im Komm. des Or., wohl aber Onom.[1] 182 ₉₆. Doch weist Theod. auch auf die Ähnlichkeit syrischer Wörter mit dem Hebräischen hin (148b zu קימן).

Sehr häufig zieht Theod. die Parallelen im Ps. 45 herbei, wie er denn auch bei der Erklärung dieses Ps. auf seinen Komm. zum HL verweist.

Einen prinzipiellen Unterschied zwischen alexandrinischer und antiochenischer Schrifterklärung kann man in diesem Komm. nicht finden. Daher hat Uhlemann gemeint, Theod. habe sich aus Furcht der herkömmlichen Exegese, die seinen Grundsätzen widerstrebte, angepasst. Sehr mit Unrecht: denn die Erklärung des HL kann nicht dazu dienen, den hermeneutischen Gegensatz beider Schulen zu zeigen. Or. hatte das HL nicht anders als das ganze AT behandelt. Nun wurde seine Spiritualisierung der alttestamentlichen Geschichte verworfen, nicht aber die des HL. Diese anzuerkennen sah sich jeder katholische Christ gezwungen, und Theod. hat sich in der Einleitung eine sehr verständige Rechenschaft darüber gegeben. Ein Unterschied zwischen Typik und Allegorik kam hier nicht in Betracht; denn beide Richtungen sahen ja in der Virginität das christliche Ideal, und bei der Einheit beider Testamente konnte man unmöglich in der irdischen Liebe des Salomo einen Typus der himmlischen Liebe Christi zu seiner Kirche finden. Hätte Theodor überhaupt an eine solche Möglichkeit denken können, so hätte er wohl das HL nicht verworfen.

Maximus Confessor.

Der Schluss des Komm. von Theodoret von 212 c ὑπάρχουσι an ist unecht. Denn

1. stimmt der Gedankenkreis und Sprachgebrauch desselben nicht mit dem Vorhergehenden. Das Wort θέωσις z. B. 213 b findet sich nach Ausweis des Jndex in sämtlichen Schriften des Theodoret nur an unserer Stelle und V 86 extr. in einer Homilie über Johannes den Täufer, die aber dem Theod. mit Unrecht zugeschrieben wird. Die Termini μονάς, ὕλη und εἶδος, κτίσις νοητή und αἰσθητή hat Theod. nie in der Weise

wie hier gehäuft verwandt; ebensowenig die Bezeichnung der Engel als ἄϋλοι τάξεις, die auch nur in jener unechten Homilie Parallelen hat.

2. Dieser Schluss ist identisch mit dem des bei Migne 87 col. 1755 ff. abgedruckten und dem Procop zugeschriebenen Fragmentes eines Komm. zum HL. Dass er thatsächlich, direkt oder indirekt, aus diesem Komm. stammt, geht daraus hervor, dass die Deutung der Zahlen 1000 und 200 hier schon vorbereitet und begründet ist, während sie bei Theodoret unvermittelt erscheint. Am meisten beweist jedoch die Partikel εἴτουν, womit die Erklärung von 8 13 beginnt: in jenem Komm. ist das gewöhnlich, bei Theodoret dagegen steht es einzig da.

Jenes Fragment eines HLkomm. wurde von dem ersten Herausgeber, Mai (Class. auct. t. 6 p. 348) dem Procop zugeschrieben, weil es in einer Handschrift auf den zweiten Komm. des Procop zu den Proverbien folgt. Es ist jedoch nicht von Procop. Das beweist schon der durchgängige Sprachgebrauch der pseudo-dionysischen Mystik: κάθαρσις, φωτισμός, τελείωσις (diese Stufenfolge 1777 a), γνῶσις, μυστικὴ θεωρία, μυσταγωγία, μυστηριωδέστερος, ἡ τῶν θείων μυστηρίων ἐξήγησις, θέωσις; ferner die Termini der aristotelischen Philosophie. Und endlich ist es identisch mit dem Schlusse einer aus Gregor von Nyssa, Nilus und Maximus geschöpften Katene zum HL (Ἑρμηνεία κατὰ παράφρασιν τοῦ Ἄσματος τῶν Ἀσμάτων συλλέγουσα ἀπό τε τῶν εἰς τοῦτο ἑρμηνειῶν τοῦ ἁγίου Γρηγορίου Νύσσης. τοῦ ἁγίου Νείλου, καὶ τοῦ ἁγίου Μαξίμου. Gallandii Bibl. t. 6. Venetiis 1770 p. 645—707). Suarez (ad Nili opusc. p. 637: ebenso Fabricius VIII 162 n. 76) schrieb diese Katene dem Michael Psellus zu, jedoch nur weil sie in einigen Handschriften mit den oben besprochenen Versen des Psellus verbunden ist. Eine lateinische Übersetzung wurde von Franc. Zinus unter den Werken des Theodoret herausgegeben, vielleicht wegen der Verwandtschaft, in welcher der Schluss des Komm. Theodorets zum Schlusse dieser Katene steht.

Der Zusammensteller hat bis 6 9 alle drei genannten Kommentatoren exzerpiert, wie eine Vergleichung mit Gregor und den Auszügen aus Nilus bei Proc. zeigt. Die nicht aus diesen, sondern aus Maximus stammenden Stücke, wie 2 5 Ende, 2 6 Ende, 2 7, sind auch durch ihren Sprachgebrauch und ihre Ideen charakterisiert (καθαρθεῖσα, φωτισθεῖσα, εἰς τελειότητα ἀναχθῆναι 2 5, 661 e, πανομιένη πάσης κινήσεως 2 6, 662 a, ἡ κατὰ χάριν θέωσις 2 7, 662 e). Von 6 9 an fiel jedoch der Komm. des Gregor fort; auch Nilus ist dann nicht mehr benutzt, wie die völlige Verschiedenheit des Inhalts von den Exzerpten bei Proc. beweist.[1]) Dieser Schluss ist also allein aus Maximus geschöpft, wie das bestätigt wird durch die Gleichartigkeit derjenigen Stücke, die im ersten Teile aus ihm stammen (cf. die Erklärungen von 8 3. 4 mit denen von 2 6. 7).

Charakterisiert ist dieser Komm. des Maximus schon durch obige Zusammenstellungen der häufig gebrauchten Termini (S. 96). Es ist aber interessant, dass der grosse Mystagoge, der die pseudodionysischen Schriften und Anschauungen in der griechischen Kirche popularisierte, auch der Schöpfer dieser mystischen Auslegung des HL gewesen ist, die später besonders im Abendlande so vielfach gepflegt wurde.

Die Katenen.

Die bisher besprochenen Auslegungen fanden nicht sowohl durch die Kommentare selbst, wie durch die Zusammenstellungen derselben in den Katenen ihre weite Verbreitung. Wie es während der monophysitischen Streitigkeiten Sitte wurde, die Zeugnisse der Alten zu sammeln und den dogmatischen Traktaten beizufügen, so fallen in diese Zeit auch die Anfänge der Katenenlitteratur (Theodor Zahn, Forschungen II,

---

[1]) Nur die von Pseudo-Procop abweichende Erklärung von 8 13. 14 wird wieder aus Nilus stammen.

Erlangen 1883, p. 254). Das ist freilich ein Zeichen des erschlaffenden Geistes der griechischen Kirche, und der litterarisch-ästhetische Wert der Katenen ist sehr gering (Ehrhard bei Krumbacher, Byz. Litt. ² 206). Allein sie sind für das Verständnis der späteren kirchlichen Litteratur wichtig und bewahren ausserdem sehr viel altes Material; daher sind die Katenen zum HL hier zu besprechen. Das ist möglich, weil mehrere von ihnen gedruckt sind, und zwar gerade die wichtigeren, eine unter ihnen vielleicht die älteste aller Katenen überhaupt.

Es seien hier zunächst alle Katenen zum HL zusammengestellt, die mir bekannt geworden sind.

a) gedruckte:
1. die des Procop von Gaza, ed. Aug. Mai, Class. Auct. IX p. 257 ff., abgedruckt MSG 87 col. 1546—1754 mit Benutzung des Cod. Bruxellensis 3895;
2. die dem Eusebius von Caesarea zugeschriebene, welche Joh. Meursius, Lugd. Bat. 1617, herausgab; benutzt nach dem Abdrucke in dessen Opera vol. VIII col. 125 bis 212, Florentiae 1746;
3. die eines gewissen Diakonen Polychronios, die Meursius mit der vorigen zusammen herausgab; benutzt nach dessen Opera vol. VIII col. 213—260. Die Ausgabe ist unvollständig; es fehlt die Erklärung von 4,₁ bis 7,₄;
4. die in den Handschriften mit den Versen des Psellus verbundene und diesem zugeschriebene Katene, Gallandii Bibl. vett. patr. VI 645—707.
5. die des Kaisers Matthaeos Kantakuzenus, ed. V. Riccardi, Rom 1624, abgedruckt bei Migne SG 152 col. 997 bis 1084.

b) ungedruckte:
6. die des Neophytos Enkleistos, ca. 1180 verfasst (cf. Ehrhard bei Krumbacher p. 212, 216). Sie ist in mehreren Handschriften erhalten, aber nach Ausweis des cod. Monac. 369 mit der des Procop von Gaza

nahezu identisch. Doch soll der Prolog kritisches Verständnis verraten.

7. 8. 9. Bibliothèque Nationale, ancien fonds grec, Nr. 152. 154. 172. coisl. 15.[1])

Von diesen Katenen ist die des Psellus schon oben S. 73 besprochen worden; und das von Ehrhard p. 136 als „Scholiensammlung zum HL" bezeichnete Werk des Kaisers Matthaeus Kantakuzenus, das dieser nach seiner Absetzung durch Johannes Paläologus (1354) als Mönch auf dem Berge Athos schrieb, ist vielmehr ein selbständiger Komm. Im Drucke sind die Erklärungen zu den einzelnen Versen freilich als σχόλια bezeichnet, aber die Vorrede zeigt, dass das Werk nicht als Sammlung fremder Erklärungen gelten will; es ist also hier nicht zu besprechen.

Die Katene des Polychronius ist von allen wohl die wertloseste. Die Einleitung derselben stammt aus der Katene des Euseb. (Meursius 129—140); dagegen stimmt die Rollenverteilung am Anfange genau mit den Angaben des Brüsseler Kodex der Procopkatene überein (MSG 87, 1753 u. 27), und aus Procop stammt auch fast durchweg die Erklärung selbst. Man vergleiche als Probe die Erklärung des achten Kapitels vom fünften Verse an! Bei der Auswahl der Erklärungen, die der Verfasser aus Procop trifft, glaube ich mehrfach eine besondere Bevorzugung des Origenes zu beobachten. Origenes steht bei Proc. meist am Schlusse; Polychronius stellt ihn voran und verwendet ihn oft ganz allein; z. B. 2 $_1$, Pol. 228, Proc. 1576; 3 $_1$, Pol. 237, Proc. 1620. Die Übereinstimmung mit Proc. ist so genau, dass man diese Katene zur Textkritik des Proc. benutzen kann; sie beweist z. B., dass Proc. 1752 u. 22 der Zusatz des cod. Brux. echt ist. So erklärt sich die Verwandtschaft mit der Proc. sehr nahe stehenden Katene des Euseb., die Zahn (Forschungen II 254 n $_2$) bemerkt hat. Nur die aus Gregor stammende Erklärung von 3 $_6$ β. 8, Pol. 240 findet sich nicht in unserem Proc. — Mit dem bekannten

---

[1]) Cf. H. Lietzmann, Catenen, Freiburg i/B. 1897 p. 57—65. — Auch die S. 79 erwähnten slavischen Katenen sind Übersetzungen aus dem Griechischen.

Bruder des Theodor von Mopsuestia hat diese Katene keinen Zusammenhang.

In der Katene des Proc. sind nach Zahn (p. 247) folgende Autoren verwendet: Gregor v. Nyssa 89 mal, Nilus 61 mal, Origenes 63 mal, Cyrill von Alexandrien 47 mal, Philo von Carpasia 42 mal, Apolinarius 16 mal, Procop selbst 5 mal, Didymus (col. 1562), Isidorus (col. 1721), Theodoret (col. 1554), Theophilus (col. 1629) je 1 mal. Diese Zahlen sind nicht absolut richtig, weil die Handschriften und Ausgaben in den Namensüberschriften mehrfach voneinander abweichen, wie die Noten bei Migne zeigen. Dagegen wird der im Titel genannte Eusebius nirgends erwähnt.

Die Katene des Eus. citiert Philo 37 mal, Athanasius 5 mal, Didymus (col. 147) und Theophilus (col. 169) je 1 mal und Gregor von Nyssa 2 mal (137, 141)

Zahn hat darauf aufmerksam gemacht, dass schon die gleichen Citate aus den einmal genannten Autoren Didymus und Theophilus die Verwandtschaft beider Katenen beweisen; dieselbe springt auch sonst überall in die Augen. Zahn erklärt diese Verwandtschaft daraus (p. 249), dass Proc. ausser den ihm zu Gebote stehenden Originalquellen (Origenes, Gregor, Cyrill, Apolinarius, Nilus) die Katene des Euseb. benutzt und aus ihr die Citate aus Philo, Theophilus und Didymus geschöpft habe. Die Katene des Eus. wäre also noch älter als die des Proc. So soll sich nach Zahn auch erklären, dass nach dem Titel der Procopkatene in ihr ein Eusebius benutzt ist, während sich doch in der Katene selbst von ihm nichts findet.

Nun hat schon Ehrhard (bei Krumbacher [2] p. 213) bemerkt, dass diese Untersuchungen Zahns nicht abschliessend sind, weil ihnen die handschriftliche Grundlage fehlt. Es ist auch noch neues Material herbeizuziehen: wenn die Katene des Neophytos Enkleistos mit der des Procop nahezu identisch ist, so muss die Untersuchung sich auch auf diese erstrecken. Zahn steht auch zu sehr unter dem Eindrucke, den die verschiedene Form des Theophiluscitates in beiden Katenen macht. Unternahm er doch diese ganze Untersuchung nur, um zu beweisen, dass der Apologet Theophilus von Antiochien einen

Komm. zum HL geschrieben habe. Nun ist dies Scholion bei Eus. allerdings länger, aber das beweist wenig. Viel mehr würde es bedeuten, wenn Zahn der Nachweis gelungen wäre, dass Proc. alles Philonische aus Eus. habe (p. 250 f.). Leider kann ich seine Nachweisungen hierüber nicht prüfen, weil ich von allen drei Schriftstellern andere Ausgaben benutze. Aber Zahn selbst führt Beispiele an, wo Proc. Philonisches bringt, das sich in unserem Euseb. nicht findet. Für diese Fälle rekurriert er auf die Annahme, dass der gedruckte Text des Eus. verstümmelt sei. Das ist wohl möglich; aber alles in allem macht doch die Katene des Proc. einen viel sauberen und wissenschaftlicheren Eindruck, sodass man ihr von vornherein die grössere Ursprünglichkeit vor der des Eus. zuschreiben möchte. Es kommt aber noch ein Punkt in Betracht: die Katene des Eus. bricht bei 6 8 ab. Zahn meint (p. 250), das sei ein Zufall, ein Missgeschick der Überlieferung. Es ist aber doch sehr auffallend, dass sie gerade da abbricht, wo die Homilien des Gregor aufhören. Könnte nicht schon der Verfasser hier sein Werk beendigt haben? Dann müsste alles, was Proc. noch weiter aus Philo bringt, aus dessen Werke selbst stammen. — Ich lasse also das Verhältnis beider Katenen in suspenso und betrachte hier nur jede für sich.

Den Grundstock der Katene des Procop bilden die Homilien des Gregor; die Auszüge aus denselben sind daher auch sehr ausführlich. Neben sie tritt die Erklärung des Nilus, die von 6 8 ab die erste Stelle einnimmt. Besonders wichtig sind die Citate aus Origenes. Wo uns zur Vergleichung die exzerpierten Texte zu Gebote stehen, zeigt es sich, dass Proc. es wohl verstanden hat, die Grundgedanken treffend und elegant wiederzugeben. Die Liste der von ihm benutzten Autoren zeigt, dass das Werk alles Material zur Erklärung des HL umfassen sollte, selbst solches, welches nicht in Kommentaren niedergelegt war. So stammt das Theodoretscholion aus dessen Psalmenkomm. (cf. S. 87), das Isidorscholion aus dessen Briefen (Epp. IV 5, MSG 78 col. 1053). Demnach darf man wohl ohne Bedenken annehmen, dass auch die den Namen des Didymus und des Theophilus tragenden Scholien aus solchen gelegentlichen Erklärungen von Stellen des Hl. nicht aus ganzen Komm. stammen: denn sonst würde Proc. durchweg Auszüge aus ihnen gebracht haben. Es steht also die Vermutung Zahns, das Theophiluscitat stamme aus einem Hl. komm. des Apologeten Theophilus von Antiochien, auf sehr schwachen Füssen. Die Namen Isidor, Didymus, Theodoret weisen in die zweite Hälfte des vierten und die erste des fünften Jahrhunderts, und so wird auch mit dem einfachen Namen Theophilus der zur Zeit des Proc. viel bekanntere Bischof von Alexandrien gemeint sein.

In der Katene des Eus. wird Philo am meisten genannt: jedoch ist auch in ihr Gregors Erklärung der Grundstock, obwohl sein Name nur zweimal erwähnt wird. Überhaupt ist der Stoff derselbe wie bei Proc., und nur dadurch unterscheidet sich Eus. von ihm, dass er allein Citate aus Athanasius bringt, nämlich 148, 164, (2 mal) 172 und 185 (zusammengestellt MSG 27 col. 1347). Alle sind kurz und die Erklärung scholienartig. In der letzten Stelle wird der λόγος angeredet; von ihm spricht auch col. 164 die zweite Stelle: er ist der Bräutigam; col. 172 ist die Beziehung auf die Juden auffällig. Es ist kein Grund vorhanden, diese Stücke für unecht zu halten, denn noch Photius kannte von Athanasius ὑπομνήματα zum Hl. Dagegen ist die Homilie zu Cant. 4 16 und 5 1, MSG 27, 1350—62, die in einem Kodex der Ambrosiana dem Athanasius zugeschrieben wird, unecht.

Zu 4 6 bringt die Katene col. 177 die Notiz: οὗτοι οἱ δύο στίχοι ἐκ τοῦ Ἀκύλα προσετέθησαν, die sich sonst nur im Syro-Hexaplaris (S-H) findet. Vor der eigentlichen Erklärung steht col. 140 ein Onomasticon zum Hl in der Reihenfolge. wie die Namen im Texte folgen; nur ist die Erklärung von Θαλπιώθ am Schlusse nachgetragen. Wenn nun auch bei allen Exegeten solche Namenerklärungen zu finden sind, so ist doch die Ähnlichkeit mit den Randglossen des S-H auffällig: Eus. Ἑρμῶν ἀναθεματισμοῦ, S-H חרמון מתפשק דחרמא; Eus. Ἐσεβών λογισμοί S-H הצבון מתחשבא דחשבא. Eus. Δαμασκὸς αἵματος φίλημα, S-H דמשקום מתנשקא נושקתא דדמא (cf. Onom 5 α). Eus. Βελάμωι ἐνέχον τι (!) πλήθει ἢ κατοχή ὄχλοι S-H בבילמי ENKATOXH דכנשא באהידותא ם II.III0II תיצאא ל־ תיא־ :ה: א

(cf. Theodoret II 209: Ὁ μὲν Σύμμαχος τὸ ἐν Βελεαμὼν ἐν κατοχῇ λαοῦ τέθεικεν, ὁ δὲ Ἀκύλας ἐν ἔχοντι πλήθει). Besonders die letzte Erklärung beweist, dass das Onomasticon vom Rande eines hexaplarischen Exemplars genommen ist. Vor ihm findet sich zunächst eine Einleitung, die aus Gregor von Nyssa gezogen ist, weiterhin eine ὑπόθεσις συμμιγής, deren Anfang sich bei Philo MSG 40 col. 29 nachweisen lässt, und endlich ein sehr interessantes προοίμιον. Nach diesem weissagt das HL, wie das ganze AT, die Herabkunft des Logos zu uns und seine Erscheinung im Fleische. Aber diese Herabkunft stellt es nicht als zukünftig, sondern als schon gegenwärtig dar, und singt so τοῦ λόγου καὶ τῆς σαρκὸς ἐπιθαλάμιον. Die Freude über die Vereinigung des Logos mit dem Körper ἡ τοῦ λόγου συζυγία πρὸς τὸ σῶμα ist das Thema des Liedes. Was die Form anbetrifft, so besteht das Buch aus Dialogen: aus Worten des alten Bundesvolkes und überhaupt des ganzen Menschengeschlechts an den Logos, der Heidenkirche an denselben, und wiederum aus Worten des Logos an die Heidenkirche und die Menschheit; der Heidenkirche an Jerusalem, und Jerusalems über die Heidenkirche und über sich selbst; und endlich aus Worten der dienenden Engel an die zur Verkündigung berufenen Menschen. Für jeden dieser Fälle werden dann Beispiele gegeben. — Am Ende dieser Vorrede findet sich die Angabe, das Buch habe 286 Stiche (cf. E. Klostermann, Analecta p. 45).

Wer ist der Verfasser dieser Einleitung, die eine so eigenartige und von der herkömmlichen origenistischen gänzlich abweichende [1]) Auffassung des HL vertritt? Man könnte denken, der Name des Eusebius im Titel der Katene, der sich unmöglich auf die Katene selbst beziehen kann, gehe auf diese Einleitung. Aber Eusebius verweist in den ἐκλογαὶ προφητικαί 3 6 (MSG 22 col. 1152) auf den Komm. des „unermüdlichsten

---

[1]) Ihr Schöpfer ist wahrscheinlich Methodius, der sie Convivium 166f. als möglich hinstellt, aber doch die anderen Deutungen bevorzugt. Auch bei Philo kommt sie einmal vor 140c, cf. Euseb. 133ᵃ und hat auch sonst Parallelen. Hier in dieser Einleitung wird sie aber als die einzige hingestellt. So selbständige Exegeten hat die griechische Kirche wenige gehabt.

Schriftexegeten", d. h. des Origenes. Mit ihm hat also die Einleitung nichts zu thun; vielmehr wird man voraussetzen dürfen, dass sie von einem der in der Katene exzerpierten Exegeten stammt. Von diesen kommen Gregor und Philo nicht in Betracht, weil ihre Einleitungen erst folgen, und ihre Komm. zeigen, dass diese Einleitung nicht von ihnen stammen kann. Sonst sind noch Nilus, Cyrill und Athanasius benutzt; aber zu Nilus und Cyrill, wie wir sie aus den Citaten bei Proc. kennen lernen, passt die oben skizzierte Auffassung des HL nicht. Wohl aber stimmen die Citate aus Athanasius sehr gut zu dieser Einleitung, cf. 185 die Anrede an den Logos, 172 an die Juden. Ferner bemerkt Athanasius zu 1 κ col. 148: γνῶθι σεαυτὴν πρῶτον, ἵνα καὶ ἐμὲ γνῶναι δυνηθῇς; ebenso heisst es in der Einleitung 133: οὐ δύναται γάρ τις γνῶναι θεὸν μὴ πρότερον γνοὺς ἑαυτόν. Ebenso stimmen mit dieser Einleitung die wenigen Stellen in den übrigen Schriften des Athanasius, wo er noch Deutungen des HL gibt; nämlich MSG 28, 693 [1]) περὶ δὲ τοῦ ἀκανθίνου στεφάνου γέγραπται ἐν τοῖς ᾄσμασι τῶν ᾀσμάτων: Θυγατέρες Ἰερουσαλὴμ u. s. w. 3 11: τουτέστιν ἡ συναγωγὴ τῶν Ἰουδαίων· μήτηρ γὰρ Χριστοῦ αὕτη κατὰ σάρκα ὁρᾶται· ἐν ἡμέρᾳ νυμφεύσεως αὐτοῦ καὶ ἐν ἡμέρᾳ εὐφροσύνης καρδίας αὐτοῦ· πρόδηλον δὲ ὅτι ἡ ἡμέρα τοῦ πάθους τοῦ Χριστοῦ ἦν ἡμέρα εὐφροσύνης αὐτοῦ διὰ τὴν σωτηρίαν ἡμῶν cf. Eus. 136, und in den Festbriefen (ed. F. Larsow, 1852) p. 55: Wenn die Braut, wie im HL geschrieben steht (8 1) betete und sprach: „O möchtest du, mein Schwesterkind, meiner Mutter Brüste saugen!" damit du den Menschen gleich würdest und menschliche Leiden für uns auf dich nähmest ....[2]) Nach diesem allen liegt also die Annahme nahe, dass diese Einleitung zum HL von Athanasius stammt.

Nun stimmt sie wörtlich mit der Erklärung des HL in der den Namen des Athanasius tragenden Synopsis Sacrae Scripturae (Migne 28, 349 ff.) überein: nur die ersten Sätze fehlen. Vielleicht ist das für die Untersuchung über die Herkunft dieser Synopse nicht unwichtig.

[1]) Wohl echt! [2]) Cf. noch MSG 25, 732; 26, 1417. — Auch die Gegenüberstellung von λόγος und σῶμα ist echt athanasianisch.

Die Handschriften
der griechischen Übersetzung des HL.

Zunächt einiges über die alexandrinische Übersetzung selbst. Graetz hat aus der Wiedergabe von תרצה 6₄ mit εὐδοκία und אמנה 4₈ mit πίστις den Schluss gezogen, dass diese Übersetzung schon von der allegorischen Deutung beeinflusst sei; wie denn auch im Talmud אמנה allegorisch gedeutet werde. Mit Recht ist diese Annahme zurückgewiesen worden. Es liegt einfach so, dass der Übersetzer einen Berg אמנה nicht kannte, während an die Bedeutung von תרצה schon im Texte selbst gedacht ist.

Vielleicht lässt sich im Gegenteil beweisen, dass 𝔊 eine bestimmte historische Auffassung des HL andeutet.

Man kann vielfach lesen, dass 𝔊 שולמית 7₁ „richtig" mit ἡ Σουναμῖτις wiedergebe. Diese Lesart findet sich jedoch in keiner Handschrift, sondern ist Korrektur der Herausgeber, wie folgende Aufzählung aller Zeugen beweist:

Σουμανειτις B 68 155

Σωμανιτις V (= 23) 253

Σουλαμιτις S A 106 (Hesychius?) 147 157 159 161 248 252 296 300 Aethiop.

Σουμλαμνιτις 254 (für die erste und letzte Form zeugend).

S-H Šīlōmīthā, wie 𝔖 zu 1 Reg. 1₃; am Rande übersetzt mit מפשקניתא = ἑρμηνεύουσα (Fehler für εἰρηνεύουσα).¹)

---

¹) Origenes (MSG 17 col. 280) nach Procop: Ἀκύλας καὶ ἡ πέμπτη ἔκδοσις τὸ Σουλαβίτις ἐξέδωκαν, εἰρηνεύουσα γάρ· ἔστι δὲ ἡ νύμφη τοῦ λόγου ψυχή, ἡ τοῦ Χριστοῦ Ἐκκλησία.... ἐὰν δὲ ἡ Σουλαμῖτις ᾖ (lies ἦ) ἐσκυλευμένη κατὰ Σύμμαχον, λέγοι ἂν πρὸς αὐτὴν ὁ νυμφίος, Ὦ ἐσκυλευ-

V Sulamitis.

ℑ wahrscheinlich Solamitis (cf. Sabatier).

In den Onomasticis kommt nur 204,41 Σουλαμίτις εἰρηνεύουσα und 198,66 Σουλαμίτης εἰρηνεύουσα ἢ εἰς σκύλα in Betracht (für die Hexapla beweisend).
Philo MSG 40 col. 121 a Ὀδολλαμίτις · Ὀδολλαμὴς ἑρμηνεύεται μαρτυροῦσα εἰς ὕδωρ; die alte lateinische Übersetzung „Salamites".
Procop MSG 87,2 1728 a Σουλαμίτις.
Theodoret Σουλαμίτις.
Resultat: Die verbreitetste LA ist Σουλαμίτις. Sie ist auch die hexaplarische und stimmt mit 𝔖. Es wird also die LA von B, Σουμανεῖτις die ältere und ursprüngliche von 𝔊 sein. Durch diese Form des Namens soll aber die Braut des Salomo wahrscheinlich mit der Abisag 1 Reg. 1,3 identifiziert werden; denn hier lesen die Handschriften von 𝔊 durchweg Σουμανεῖτις für 𝔖 שׁוּנַמִּית. Das ist aber eine bestimmte historische Deutung des HL.

In den meisten 𝔊 Handschriften wird der Wechsel der redenden Personen im HL durch Beischriften bezeichnet, die länger und kürzer sind. Sehr kurz sind sie in A, wo ἡ νύμφη und ὁ νυμφίος, mit Mennige geschrieben und so vom Texte abgehoben, siebenmal abwechseln. Noch weniger den Text störend ist die Form, in der in B auf den Wechsel der redenden Personen hingewiesen wird. Hier finden sich von erster Hand am Rande jeder Kolumne Zahlzeichen; jede neue Zahl bedeutet einen Personenwechsel. Das HL ist so in 40 Abschnitte geteilt. In der Ausgabe von Vercellone und Cozza III.764 fehlen die Zahlen II' vor 2,10 β, IΔ vor 2,15 und IE vor 2,16; denn so sind sie wahrscheinlich zu ergänzen. Ausserdem muss B eine Zeile tiefer und KII zwei Zeilen höher stehen. Vor 8,12 steht ΛΠΘ; das ist wohl dahin zu ändern, dass ,IΘ zum zweiten Stichos des Verses gehört; doch ist auch

μένη.... Τὴν.... ἐκυλίσαν δι' αὐτοὺς προσκαλοῦνται οἱ φίλοι τοῦ νυμφίου· ἰσχυλευμένη γὰρ ἑρμηνεύεται Σουλαμίτις Cf. Field, Hexapla zu 6,12 und E. Klostermann, de libri Coheleth versione Alexandrina Kiel 1892 p. 5. Daselbst ist auch über die Gruppierung der Handschriften, die in Prcd. und HL wesentlich die gleichen sind, gehandelt.

möglich, dass *ΛH* vor 8 11 gehört, vom Schreiber fälschlich vor 8 12 gesetzt und dann verbessert ist, ohne es nun an der richtigen Stelle nachzutragen. Aus diesen Zahlen ist zu erkennen, dass der Vaticanus wie Origenes 4 Personen unterscheidet, und es wäre sehr wohl möglich, die Personenverteilung des Vaticanus daraus zu rekonstruieren. Weit ausführlicher sind die Beischriften im Codex Sinaiticus, wo sie zwischen dem Texte stehen und von diesem durch die Verwendung von Mennige unterschieden sind. Aus den Abschreibefehlern bei 3 4 γ und 5 2 γ scheint mir hervorzugehen, dass sie auch schon in der Vorlage standen. Denn vor letzterer Stelle ist aus Versehen die Notiz eingeschoben, die erst vor 5 3 folgen sollte; und von dem Scholion zu 3 4 γ ist ein Teil in den Vers selbst übergegangen: εὑροῦσα τὸν νυμφίον εἶπεν· Εὑροῦσα αὐτὸν ἐκράτησα αὐτόν. — Wie von Origenes, werden auch hier hauptsächlich 4 dramatische Personen unterschieden: νύμφη, νυμφίος, νεανίδες == θυγατέρες Ἰλημ, νεανίαι. Dazu kommen als Statisten die φύλακες 3 3 β und die βασιλίσσαι 6 9. In der Überschrift von 1 7 ist der νυμφίος ausdrücklich auf Christus gedeutet; dieselbe Deutung liegt der Bemerkung zu 4 16 δ zu Grunde: ἡ νύμφη αἰτεῖται τὸν Πρᾶ, ἵνα καταβῇ ὁ νυμφίος αὐτοῦ (l. αὐτῆς) cf. die Deutung von 1 2 bei Origenes. Ausserdem ist das HL in S durch Zahlen von erster Hand am Rande in 4 Abschnitte geteilt: 1 1—14, 1 15— 3 5, 3 6—6 2, 6 3—8. Nur bei 3 6 stimmt diese Einteilung mit der der äthiopischen Bibel, die hinter 2 9, 3 6, 7 9, und 8 5 Abschnitte macht.

Ähnlich, aber noch ausführlicher sind die Scholien im Codex Venetus gr. I (Holmes 23), deren Kenntnis ich der Güte des Herrn Dr. E. Klostermann verdanke. Zur Illustrierung teile ich einige Beispiele mit: vor 4 9: Ταῦτα ὁ νυμφίος ὡς κορυφαῖος χοροῦ λέγει ἅμα αὐτοῖς (cf. Nilus, Proc. 1657: Ὁ νυμφίος ἐκ προσώπου παντὸς τοῦ χοροῦ ταῦτά φησιν.). Vor 5 1 Ὁ νυμφίος καταβὰς εἰς κῆπον διηγεῖται τῇ νύμφῃ, ὅσα ἐν αὐτῷ πεποίηκεν. Vor 5 9: Ταῦτα αἱ θυγατέρες Ἰλημ πρὸς τὴν νύμφην βουλόμεναι τὸν χαρακτῆρα αὐτοῦ μαθεῖν, ἵνα αὐτὸν ζητήσουσιν αὐτῇ (ähnlich bei Nilus und Gregor, Proc. 1689). Vor 7 1: Ὁ νυμφίος τὰς προκοπὰς τῆς νύμφης ἀποδεχόμενος λέγει (cf. das namenlose Scholion Proc. 1728 Τῆς νύμφης τὰς προκοπὰς ἀποδέχεται, ἅς φησι διαβήματα). Wenn nun solche Bemerkungen, wie die vor 1 15 und 2 3 (ὁ νυμφίος πρὸς τὴν νύμφην und ἡ νύμφη πρὸς τὸν νυμφίον) genau mit denen von S stimmen, so ist das leicht erklärlich. Auffallender ist jedoch die Übereinstimmung bei [4 ε; S αἱ νεανίδες τῷ νυμφίῳ βοῶσιν τὸ ὄνομα τῆς νύμφης· Εὐθύτης ἠγάπησέν σε, V αἱ νεανίδες ὄνομα τῇ νύμφῃ ἐπιθέασιν εὐθύτητα. Hier scheint mir eine Verwandtschaft unter einander sehr wahrscheinlich.

Die von E. Klostermann, Analecta p. 41 mitgeteilten Personenangaben des Kodex 161 decken sich an entscheidenden Stellen (1 8, 9, 10, 2 14 γ, 3 11) mit Gregor von Nyssa. Ein weiteres Beispiel solcher Handschriften des HL ist der Kod. Coislinianus XVIII (sic!); Mitteilungen daraus finden sich bei Montfaucon (Bibl. Coisl. p. 62) und Stroth (Repertorium VIII, Leipzig 1781 p. 180). Andere Handschriften bieten am Anfange ein Personenverzeichnis, etwa: Τὰ πρόσωπα τοῦ βιβλίου τοῦ Ἄσματος· νυμφίος etc. (so cod. Coisl. 194, Montfaucon p. 247, und cod. Matthaei, Repertorium XVI. 244).[1]) Dagegen fehlen, nach Tischendorfs Ausgabe zu erteilen, in C derartige Scholien. Auch die Mailänder Handschrift des Syro-Hexaplaris enthält keine Personenangaben ausser zu 7 6. Dagegen findet sich am Rande ein Onomasticon und unten Exzerpte aus dem Komm. eines Abtes Johannes von Aphthonia, cf. Ceriani p. 50, und ein Citat aus dem Komm. des Gregor von Nyssa (fol. 70r).

Ferner enthalten aber die Handschriften, ähnlich wie unsere deutschen Bibeln, auch kurze Angaben über die richtige, kirchliche Deutung des HL. So steht am Ende des cod. Florentinus IV (Stroth p. 188), einer Pergamenthandschrift des 10. Jahrhunderts: Ἐν δὲ τῷ Ἄσματι τῶν ᾀσμάτων τὴν τῶν μεγάλων καὶ θείων μυστηρίων χάριν καὶ πρὸς τὸν ζῶντα λόγον κοινωνίαν σημαίνει. Ähnlich gibt der Codex Venetus gr. I vor dem HL eine Anweisung zur richtigen Deutung der Braut und der Einzelheiten ihrer Beschreibung (E. Klostermann p. 4 f.).

---

[1]) Cf. E. Klostermann, de l. Coheleth vers. Alex. p. 4.

Auch in den lateinischen Handschriften findet man ähnliche Scholien, wie der Cod. Amiatinus beweist. Doch kann auf dessen sehr interessante Beischriften hier nicht eingegangen werden.

Rückblick.

Die allegorische Erklärung stammt aus der griechischen Philosophie. Schon Plato empfahl seinen Schülern die allegorische Deutung Homers, und nach ihm suchten alle, welche die Religion der Vorfahren gegen die Angriffe der Aufklärung schützen wollten, ihr durch bildliche Deutung der Mythen eine neue Stütze zu geben. Als nun in Alexandrien eine grosse jüdische Gemeinde sich sammelte, war es, bei der grossen Leichtigkeit, mit welcher die Juden der Diaspora stets sich den geistigen Besitz fremder Völker anzueignen verstanden, selbstverständlich, dass sie sich auch auf das Beste warfen, was die Griechen damals besassen, auf ihre Philosophie, und diese mit dem AT vermittelten, ja aus ihm ableiteten. Mose wurde so ein Solon und Salomo ein König im Philosophenmantel, nur dass beide viele Jahrhunderte vor ihren griechischen Abbildern und Nachahmern lebten. — Die Juden standen ferner aber vor der Aufgabe, sich selbst und den Heiden, denen sie Rechenschaft über ihre Religion zu geben hatten, zu zeigen, wie es erklärlich sei, dass manche anstössige Geschichten in einem göttlich inspirierten Buche standen. Natürlich griffen sie zu demselben Mittel, zu dem schon vor ihnen die griechischen Philosophen gegriffen hatten, zur Allegorik. Der erste Jude, von dem wir wissen, dass er das AT allegorisch erklärte, war der Alexandriner Aristobul, der dem Könige Ptolemäus Philometor (181—145) einen

Kommentar zum Pentateuch widmete. Am besten kennen wir diese Richtung aus Philo.[1]

Bei der engen Verbindung, in welcher die Juden der Diaspora mit ihrem Heimatlande standen, dürfen wir wohl annehmen, dass die Juden Palästinas die allegorische Erklärung, die wir bei ihnen erst mehrere Jahrhunderte nach Plato und auch erst lange nach Aristobul finden, von den Alexandrinern überkommen haben. Man hat freilich auch die Deutung der 70 Jahre Jeremias bei Daniel allegorisch genannt. Sehr mit Unrecht: denn das ist die Umdeutung einer einzelnen Stelle; die Allegorik ist dagegen ein Prinzip, eine systematische Umdeutung, bei Hellenisten wie bei Rabbinen. Aber sie bekam bei den letzteren einen anderen Charakter. Die Hellenisten destillierten, gemäss der philosophischen Anschauung von der Wertlosigkeit der Geschichte gegenüber dem Ewig-Seienden, des Konkreten gegenüber der Idee, durch die Allegorik philosophische Lehren aus der Heiligen Schrift. Hingegen war dem heimischen Juden die Geschichte der Offenbarung das Wertvollste und die Garantie der Zukunft. Sie deuteten also das Gotteswort vielmehr auf bestimmte Ereignisse der Offenbarungsgeschichte, auf welche es ursprünglich keinen Bezug hatte. Die Deutung des HL ist ein Beispiel dafür.

Wenn wir nun diese Schrift schon sehr früh, schon im ersten Jahrhundert, allegorisch erklärt finden, so beweist das, dass für das allgemeine Bewusstsein ein Konflikt zwischen dem wörtlichen Verständnisse des Buches und seinem Inspirationscharakter bestand. Jedenfalls setzt aber die allegorische Deutung eines Buches voraus, dass es als heilig gilt, und es ist deshalb selbstverständlich, dass das HL schon lange vor der Synode zu Jamnia, wo wir zum erstenmal die allegorische Erklärung des Buches bezeugt fanden, im Kanon gestanden hat.

Die Weise nun, in welcher das HL allegorisch zu deuten war, lag nahe genug. Bei den Propheten des AT ist es seit Hosea allgemein gebräuchlich, den Bund Gottes mit seinem Volke unter dem Bilde der Ehe darzustellen. Gestiftet ist

---

[1] Cf. C. Siegfried, Philo von Alexandrien, Jena 1875 p. 1—27.

diese Ehe durch die Errettung aus Ägypten und die Gesetzgebung. „Als Israel jung war, gewann ich es lieb und rief es aus Ägypten." Auf die Liebe der Jugend und die Brautzeit in der Wüste, Jer. 2₂, folgt der Abfall im verheissenen Lande Jer. 3₂₀. Durch die Verehrung anderer Götter hat das Volk Ehebruch begangen, und darum hat Jahve es im Zorne verstossen, Jes. 54₈. Aber nach der Not der Endzeit wird es sich wieder zum Herrn wenden, wie einst in der Zeit seiner Jugend und wie damals als es aus Ägypten auszog; und Gott wird sich dann wieder mit ihm verloben in Ewigkeit. — Diese Gedanken sah man jetzt im HL dargestellt. Der königliche Bräutigam ist Jahve, die viel gepriesene Braut das Volk Israel. Die einzelnen Züge des Buches werden dann auf die Geschichte des Volkes bezogen, am meisten natürlich auf die Gründungsgeschichte des Bundes Gottes mit seinem Volke, auf die Patriarchen, den Auszug aus Ägypten und die Gesetzgebung, und sodann auf die Wiederherstellung und Vollendung dieses Bundes in der Endzeit. Das ist die Deutung des HL, wie sie der Targum konsequent durchführt und wie sie auch den Grundstock der im Midrasch überlieferten Deutungen bildet. Und mögen diese Schriften noch so spät anzusetzen sein, die Grundzüge dieser Deutung sind so alt wie die allegorische Deutung selbst.

<u>Als nun die christliche Gemeinde die Verheissungen Gottes von dem neuen Bunde mit seinem Volke durch die Gründung der Kirche erfüllt</u> sah, verschob sich dem entsprechend für sie das alttestamentliche Bild von der Ehe Jahves mit seinem Volke zu dem Bilde der Ehe Christi mit seiner Kirche, Eph. 5₃₂, Apok. 19₇, 21₂, 2. Kor. 11₂. Diese Anschauung war dem Paulus so selbstverständlich, dass er mit ihr seine Mahnungen zum rechten Verhältnis der Eheleute unter einander begründen und eindringlicher machen konnte, Eph. 5₂₃.₂₈. Wollten also Christen das HL allegorisch deuten, so war die den Anschauungen des NT am nächsten liegende Erklärung die auf Christus und die Kirche. Aber im NT selbst fanden wir diese Erklärung nirgends angedeutet, wie denn überhaupt die christliche Litteratur der ersten beiden

Jahrhunderte gänzlich vom HL schweigt. Barnabas, Clemens, Hermas, Polykarp, der Brief an Diognet, auch die echten Briefe des Ignatius citieren es nicht. Die letztere Thatsache fällt um so mehr auf, wenn man sieht, dass der Interpolator der Ignatiusbriefe, ad Eph. 17, Cant. 1₃ citiert und allegorisch deutet, und ad Philad. III 4 auf die allegorische Deutung von Cant. 2₁₅ anspielt. Justin, die pseudo-justinischen Schriften, Irenäus und Clemens Alexandrinus citieren es ebenso wenig. (Bei letzterem fehlen sonst noch Citate aus Parall., Neh. und Obadja.) Und endlich ist auch bei dem in vieler Beziehung einen archaischen Standpunkt einnehmenden Aphraates das HL das einzige biblische Buch, welches er nicht erwähnt. Ich ziehe aus diesen Thatsachen, die doch ganz etwas anderes bedeuten, als wenn etwa Obadja oder Ruth nicht genannt werden, den Schluss, dass das HL damals noch nicht die hohe Bedeutung wie später hatte, und dass die christliche Auslegung desselben noch nicht gefunden oder wenigstens noch nicht überall bekannt und anerkannt war. Wohl aber nimmt die der späteren christlichen Deutung zu Grunde liegende Vorstellung von der Kirche als Braut Christi bei den apostolischen Vätern und Apologeten eine wichtige Stelle ein — man denke etwa an II. Clem. 14 —, und sie ist es auch, die wir dann in der ältesten christlichen Deutung des HL, in der des Hippolyt, als Grundthema fanden, und zwar als Umdeutung der bei den Juden gebräuchlichen Erklärung, wie noch die Opposition gegen die Juden verriet.

Dieselbe Deutung fanden wir dann als erste in den Komm., als einzige in den Homilien des Origenes. Auch bei ihm zeigt die Aufzählung der Lieder, unter denen das HL das höchste ist, die Abhängigkeit vom Targum cf. S. 116 f. Origenes folgten dann alle späteren christlichen Exegeten, besonders Theodoret, weniger ausgeprägt Gregor von Nyssa.

Origenes hat aber in seinen Komm. diese Deutung mit einer anderen verbunden, die auf der Vorstellung der Seele als Braut des Logos beruht. Diese Vorstellung findet sich schon in den alttestamentlichen Apokryphen vorgebildet. Jesus Sirach sagt 15₂ von dem, der die Thora beobachtet, dass sie ihm begegne wie eine Mutter und ihn empfange wie das Weib seiner Jugend. Und wie sehr legte der Ausdruck in 14,23, dass der Fromme sich in die Fenster der σοφία lehne, ὁ παρακύπτων διὰ τῶν θυρίδων αὐτῆς, eine Kombination mit Cant. 2,9 παρακύπτων διὰ τῶν θυρίδων nahe! Der Verfasser der Weisheit Salomonis bekennt von sich, 8,2: „Die Weisheit liebte ich und suchte sie seit meiner Jugend, begehrte sie als Braut heimzuführen, und ward ein Liebhaber ihrer Schönheit." Und nach diesem Bilde der Ehe hat dann Philo, de vita contempl. (die Echtheit des Buches vorausgesetzt), die Liebe der Therapeutinnen zur Weisheit geschildert. Parallelen dazu finden sich bei den Griechen schon seit Prodikos, Sokrates und Plato, und besonders die Gnostiker schätzten diese Gedanken. Origenes gab ihnen nun durch seine zweite Deutung eine ausgedehnte biblische Grundlage, und durch ihn ist so das HL das Lieblingsbuch der Mystiker aller Zeiten geworden (cf. Harnack DG I[3] 568).

Weiter ausgebildet finden wir diese Spekulation dann im Symposion des Methodius. Er hat ihr besonders den Charakter mönchischer Mystik aufgeprägt (Harnack l. c. 745). Bezeichnend ist das Wort conv. 157, 158 zu Cant. 6,7,8: Ἀμέλει ταύτας (τὰς παρθένους) μόνον ἐκλεκτὴν νύμφην τὰς ψυχὰς καὶ γνησίαν ὁ λόγος ἑαυτοῦ καλεῖ, τὰς δὲ λοιπὰς παλλακὰς καὶ νεανίδας καὶ θυγατέρας, λέγων ὧδε... (Cant. 6,7,8). Πολλῶν γὰρ οὐσῶν δηλονότι τῆς ἐκκλησίας τῶν θυγατέρων μία ἐστὶ μόνη ἐκλεκτὴ καὶ τιμιωτάτη ἐν ὀφθαλμοῖς αὐτοῦ ὑπὲρ πάσας, τὸ τάγμα τῶν παρθένων. In diesem Sinne hat Methodius mehrere Stellen des HL verwandt; sein verloren gegangener Komm. zum HL wird sich in derselben Richtung bewegt haben, und Gregor von Nyssa hat dann das HL durchgehend in diesem Sinne erklärt. Er ist so für die spätere griechische Kirche der eigentliche Normalexeget des HL geworden.

Eine Umbildung erfuhr die zweite Deutung des Origenes und die Form, in der wir sie bei Gregor fanden, durch die pseudoareopagitische Mystik. Ein Beispiel hierfür sahen wir in dem früher dem Procop zugeschriebenen Komm.Fragmente, das wegen seiner Übereinstimmung mit einzelnen Abschnitten der Katene des Psellus für Maximus in Anspruch genommen wurde. Doch scheint diese Form im Oriente nicht die Bedeutung gewonnen zu haben, wie später im Abendlande. Die allegorische Erklärung in den von Origenes geschaffenen Formen war die eigentliche kirchliche. Wie sehr ein Nilus, ein Cyrill bei der Erklärung des HL von Origenes abhängig ist, würde vielleicht noch mehr hervortreten, wenn wir seine Komm. in ihrer Ursprache und vollständig besässen. Selbst ein Theodoret, der sonst so harte Worte gegen die Allegorik hatte, konnte sich in diesem Punkte dem Einflusse des grossen Alexandriners nicht entziehen. Philo zeigte uns, wie die Vorstellungen des Origenes mit „magisch-sakramentalen" versetzt wurden, und auch sein Komm. ist später viel gelesen worden. Dagegen blieb die neue Deutung, die Methodius fand (S. 103 n [1]) für die Folgezeit einflusslos, obwohl sie in die unter dem Namen des Athanasius gehende Synopsis aufgenommen wurde.[1]) Übrigens hat Methodius darin ebenfalls eine ältere Anschauung verwertet (cf. Harnack DG I³ 569). So findet man bei Tertullian, de resurr. 63, das Wort: Caro est sponsa, quae et in Christo Jesu spiritum sponsum per sanguinem pacta est.

Es scheint nun aber zu allen Zeiten eine Unterströmung vorhanden gewesen zu sein, welche die allegorische Erklärung des HL verwarf. Denn Origenes, Gregor und Theodoret polemisieren gegen das „fleischliche" Verständnis desselben, und Cyrill von Jerusalem sagt (MSG 33 col. 1141): Μὴ γὰρ πρὸς τὴν τῶν πολλῶν ὑπόληψιν ἐκλαβὼν τὰ ῥήματα (sc. des HL), καὶ ἀτενίσας μηδὲν, ἐρωτικὰ νομίσῃς εἶναι καὶ ἐμπαθῆ τὰ Ἄσματα. Philaster bekämpft in seinem Ketzerkataloge als 107. Häresie diejenigen, welche das HL buchstäblich auslegen: Est haeresis quae de Canticis canticorum ambigit, ipsa itidem aestimans non Spiritu divino, sed humanarum rerum causa ac voluptatum hominibus ab eodem praedicata. Dagegen macht er geltend, dass das Wesen himmlischer Dinge dem Menschen unter menschlichem Bilde dargestellt werde. Qui ergo vani homines con-

---

[1]) Eine Spur von ihr findet sich jedoch noch in der altlutherischen Dogmatik. Cf. Nitzsch, Dogmatik ¹ p. 458 Z. 6.

cupiscentiis carnis inserviunt.... pagani judicandi sunt (Galland. Bibl. Patr. VII 510). Die 122. Härese, die er bespricht, Haeresis de uxoribus et concubinis, legt Cant. 6 8 wörtlich, nicht allegorisch aus: Putant eum mulierum causa et juvencularum atque concubinarum numerum edixisse. Cumque ita sentiunt, infructuosi immo potius ut pagani impii et Judaei ineruditi atque indocti iudicantur. Im Gegensatze dazu gibt er die richtige allegorische Deutung der Stelle nach Origenes.

Es scheint also die Opposition gegen die allegorische Deutung des HL nicht unbedeutend gewesen zu sein. Aber sie hat immer als heterodox gegolten, und in ihrem bedeutendsten Vertreter, Theodor, wurde sie auch offiziell anathematisiert.

Im 19. Kanon des Concilium quinisextum wurde die Exegese der orthodoxen Väter als für alle Zukunft verbindlich bezeichnet. Damit schloss man jede selbständige Exegese aus: fernerhin konnten in der griechischen Kirche nur noch die alten Auslegungen reproduziert werden.

Exkurs zu S. 56 n 2.

Über die alttestamentlichen Lieder, welche mit dem Hohenliede in Verbindung gebracht worden sind.

Zur Erklärung der Überschrift „Lied der Lieder" sagt der Targum: „10 Lieder wurden in dieser Welt gesprochen aber dieses Lied ist vor ihnen allen preiswert." Diese 10 Lieder sind 1) Ps. 92, 2) Ex. 15, 3) Num. 21 17, 4) Deut. 32, 5) Jos. 10 12. 6) Jud. 5, 7) 1. Sam. 2, 8) 2. Sam. 22, 9) Cant. 10) Jes. 30. Dass das nun nicht ein Privateinfall des Paraphrasten war, zeigt die Übereinstimmung mit Mechilta beṡallaḥ und die ähnlichen Zusammenstellungen Tanḥuma beṡallaḥ und Jalqut Ex. § 242.

Es sind also offenbar bestimmte Lieder der Heiligen Schrift zu einem Liederkranze zusammengestellt worden, unter welchen „das Lied der Lieder" als das höchste erschien: mag diese Zusammenstellung nun auf der Erklärung des Titels beruhen oder dieser selbst erst dem Liede Salomos in Beziehung auf jene Sammlung gegeben sein.

· Dieselbe Auffassung des Titels und eine ganz ähnliche Zusammenstellung von Liedern finden wir nun auch bei Origenes, ein schlagender Beweis, dass er die jüdische Auslegung des HL gekannt hat.

Origenes vergleicht XIV 237 ff., 315 ff. die Verbindung canticum canticorum mit den ähnlichen sancta sanctorum und Sabbata sabbatorum.[1]) Wie der, welcher das Heilige betritt und den Sabbat feiert, noch gar sehr der Vervollkommnung

---

[1]) 𝔊 Lev. 16 31, 23 32.

bedarf, um das Allerheiligste beschreiten und den Allsabbat feiern zu können, so muss auch, wer sich zum HL erheben will, vorher andere Lieder gesungen und den Anlass zu ihnen geistig erlebt haben. Diese anderen Lieder sind nach den Homilien: 1) Ex. 15, 2) Num. 21 17, 3) Deut. 32, 4) Jud. 5, 5) 2. Sam. 22, 6) Jes. 5. Sind diese 6 Lieder durchgegangen, dann kann die bräutliche Seele auch 7) das HL singen.

In den späteren Kommentaren ist statt Jes. 5 vielmehr 1. Chron. 16 8 ff. = Ps. 105 + 96 genannt, weil es nicht passend scheint, den nach Salomo lebenden Jesaias hier zu nennen, 318. Dann aber wird doch freigestellt, das Lied des Jesaias und manche Psalmen, wie die 15 Stufenpsalmen, heranzuziehen, wobei freilich die Siebenzahl ausser acht gelassen wird. Ferner scheint die Erwähnung der Gesänge der Engel, 314, anzudeuten, dass Origenes auch eine Zählung kannte, welche das Gloria Luk. 2 14 einschloss (cf. auch Lomm. XI 200).

Eine ähnliche Zusammenstellung der Lieder A und NT finden wir in der äthiopischen Bibel.[1]) Hier folgt auf den Psalter ein Buch, betitelt: Lieder und Gebete der Propheten. Diese sind:

1. das erste Lied Mosis, Ex. 15 1—19,
2. das zweite Lied Mosis, Deut. 32 1—21,
3. das dritte Lied Mosis, Deut. 32 22—43,
4. das Gebet der Hanna, 1. Sam. 2 1—10,
5. das Gebet des Königs Hiskia, Jes. 38 10—20,
6. das Gebet des Manasse, 2. Par. 23,
7. das Gebet des Jonas, Jon. 2 2—10,
8. das erste Gebet der drei Jünglinge, Dan. 3 26—45,
9. das zweite Gebet der drei Jünglinge, Dan. 3 52—56,
10. das dritte Gebet der drei Jünglinge, Dan. 3 57—88,
11. das Gebet des Habakuk, Hab. 3 2—19,
12. das Gebet des Jesaja, Jes. 26 9—20,
13. das Gebet der Maria, Luk. 1 47—55,

---

[1]) Cf. M. Dorn, de psalterio Aethiopico, Leipzig 1825, p. 12, u. Zotenberg, Katalog der äthiopischen Handschriften in der Pariser Nationalbibliothek. No. 9—23.

14. das Gebet des Zacharias, Luk. 1 68—79,
15. das Gebet des Simeon, Luk. 2 29—32,
16. das Lied der Lieder von Salomo.

Das sind, wenn man 2 und 3, sowie 8—10 zusammennimmt, 10 alttestamentliche Lieder und 3 neutestamentliche, deren Spitze das HL bildet. Es ist in dieser Zusammenstellung noch deutlich, dass diese Liedersammlung zur Vorbereitung auf das HL dienen und dessen Titel erklären soll. Dagegen geben die meisten orientalischen Psalterien diese Lieder, vom HL getrennt, in einem Anhange an den Psalter. So die koptischen, arabischen und syrischen Psalterien, welche Assemani in der Bibliotheca orientalis beschreibt. Und ebenso auch viele griechische Bibelhandschriften. Bekannt sind die ὕμνοι ιδ', welche der Codex Alexandrinus als Anhang des Psalters gibt; nämlich 1) Ex. 15, 2) Deut. 32, 3) 1. Sam. 2, 4) Jes. 26 9, 5) Jona 2 3, 6) Hab. 3, 7) Jes. 38 10, 8) 2. Par. 23, 9) Dan. 3 26, 10) Dan. 3 52, 11) Luk. 1 46, 12) Luk. 2 29, 13) Luk. 1 68, 14) der ὕμνος ἑωθινός. Von dem letzten Liede abgesehen, finden wir auch hier 10 alttestamentliche und 3 neutestamentliche Lieder. Genau dieselben Lieder scheint das am Anfange zerstörte Psalterium Turicense purpureum enthalten zu haben. Viele lateinische Bibeln und die aus ihr geflossenen Psalterübersetzungen des nordfranzösischen Übersetzungskreises enthalten ein derartiges Gesangbuch [1]) und noch Joh. Bugenhagen gab als Anhang zu seiner lateinischen Übersetzung des Psalters, 1544, auch eine Übersetzung dieser Lieder. So lässt sich also der Einfluss des jüdischen Targums zum HL sehr weit verfolgen.

---

[1]) Cf. PRE² III 39 n. 127 38.

Register.

Äthiopische Kirche 86, 117.
αἰσθητά — νοητά 64, 67.
Akiba 3.
Allegorische Auslegung 59, 68, 88, 89, 95, 109.
Ambrosius 49.
Ἀμιναδάβ 78.
Apolinarius 75.
ᾆσμα ᾀσμάτων 48, 56, 87.
Athanasius 76, 102, 104.

Bar Hebraeus 47, 51, 84.
Basilius der Grosse 67, 70, 89.
Benutzung des HL 1ff., 111f.
Βοσόρ 94.

Chrysostomus 89.
Codex Alexandrinus 106, 118.
„ Sinaiticus 107.
„ Vaticanus 106.
„ Venetus gr. I. 58, 107f.
Concil, fünftes 65, 80.
„ quinisextum 115.
Cyprian 89.
Cyrill von Alexandrien 75.
„ „ Jerusalem 114.
Didymus 101.
Diodor 89.

Ἐγγαδδεί 72, 78.
Ἐκλελοχισμένος 72.

Epiphanius 76.
Esra als Kanonsammler 89.
Esrabuch, viertes 4.
Eusebius von Cäsarea 56, 89, 103.

Gregor der Grosse 73, 88.
„ von Nyssa 66ff., 77, 89f., 101.

Hexapla 94, 102 f.
Hippolyt 47ff., 79.
Horn der Amalthea 72.

Ibn Esra 45.
Irenaeus 47.
Isidor von Pelusium 94, 101.
Johannes von Aphthonia 108.
Joseph b. Aknin 45.

Καιφάξ 78.
Katene des Eusebius 76, 100.
„ „ Matthaeos Kantakuzenos 98f.
Katene des Neophytos Enkleistos 98.
„ „ Polychronius 54, 99.
„ „ Procop 54, 76, 87, 100.
„ „ Psellus 96, 99.
„ slavische 79, 99.
Κηδάρ 78.

Leontius 84.

Maximus Confessor 95, 114.

Methodius 103, 113.
Michael Psellus, cf. Katene und Psellus.
Midrasch Schir Rabba 41 ff.
Mose b. Tibbon 45.
Nikephoros Botaniates 73.
Nilus Sinaita 74, 96 f.
Ὀδολλαμῖτις 78.
Onomasticon 58, 102.
Origenes 49, 52 ff., 67, 75, 89 f., 94, 99, 112, 116.
Pacianus 89.
Personen des HL 58, 69, 106.
Petrus de Riga 65.
Philaster 114.
Philo von Carpasia 48, 76 ff.
Physiologus 51, 65.
Plato 62, 109.
Psalterien 117 f.
Psellus 73, 74, 96, 99.
Pseudodionysische Mystik 71, 97, 113.

Rabboth 42.
Raschbam 45.
Raschi 45.
Rišq 25.
Saadja el Fajjumi 45.
Salomo 43, 56.
Σανίρ 75.
Schim'ōn b. Gamliēl 3.
Senir 24.
Sohar 46.
Σουμανείτις 79. 105.
Syro-hexaplaris (S-H) 75. 102, 108.
Targum zum HL 6 ff., 111.
Θαλπιώθ 72.
Thamar 35.
Theodor von Mopsuestia 51, 65, 72, 80 ff., 88.
Theodoret 86 ff., 101.
Theophilus von Antiochien 47. 101 f.
Uhlemann 95.
Zahn, Th. 47, 100 ff.

A. Deichert'sche Verlagsbuchhandlung Nachf. (Georg Böhme), Leipzig.

Bachmann, Prof. **Ph.**, Die wichtigsten Symbole der reformierten und katholischen Kirche deutsch herausgegeben. 3 Mk.

Bonwetsch, Prof. D. **N.**, Die Geschichte des Montanismus. 4 Mk.

— —, Methodius von Olympus. I. Schriften. 13 Mk.

Bredenkamp, Prof. Dr. **C. J.**, Der Prophet Sacharia. 3 Mk.

— —, Gesetz und Propheten. Ein Beitrag zur alttestamentlichen Kritik. 3 Mk.

Caſpari, Prof. D. **W.**, Die epistolischen Perikopen nach der Auswahl von Prof. Thomasius. 5 Mk. 50 Pf., geb. 6 Mk. 70 Pf.

— —, Die evang. Konfirmation, vornämlich in der luther. Kirche. 3 Mk.

— —, Die geschichtl. Grundlage des gegenwärt. evang. Gemeindelebens aus d. Quellen im Abrisse dargest. 2 Mk. 50 Pf. eleg. geb. 3 Mk.

Engelhardt, Prof. D. **M.**, Das Christentum Justins des Märtyrers. 9 Mk.

Ewald, Prof. D., Über das Verhältnis der systematischen Theologie zur Schriftwissenschaft. 75 Pf.

— —, Über die Glaubwürdigkeit der Evangelien. 1897. 75 Pf.

— —, Religion und Christentum. Ein Vortrag. 3 Bogen. 75 Pf.

Frank, Geheimrat Prof. D. **Fr. H. R. v.**, System der christlichen Gewissheit. 2. Aufl. 2 Bde. 16 Mk., eleg. geb. 18 Mk. 50 Pf.

— —, System der christlichen Wahrheit. 3. verb. Aufl. 2 Bde. 16 Mk., eleg. geb. 18 Mk. 50 Pf.

— —, System der christlichen Sittlichkeit. 2 Bde. 15 Mk., eleg. geb. 17 Mk. 50 Pf.

— —, Geschichte und Kritik der neueren Theologie insbesondere der systematischen, seit Schleiermacher. 3. revid., mit e. Beitrag über die Frank'sche Theologie von Prof. D. Seeberg vermehrte Auflage. Mit Bildnis des Verfassers. ca 23 Bogen. ca. 6 Mk. 25 Pf., eleg. geb. 7 Mk. 50 Pf.

A. Deichert'sche Verlagsbuchhandlung Nachf. (Georg Böhme), Leipzig.

Hardeland, Pastor **Th.**, Die Evangelisation mit besonderer Berücksichtigung auf die Heiligungsbewegung. 60 Pf.

Harnack, Prof. D. **Th.**, Katechetik und Erklärung des kleinen Katechismus Dr. M. Luthers. 8 Mk.

— —, Luthers Theologie mit besonderer Beziehung auf seine Versöhnungs- und Erlösungslehre. I. Abt. 4 Mk.; II. Abt. 8 Mk.

Haufsleiter, Prof. D. **Johs.**, Der Glaube Jesu Christi und der christliche Glaube. Ein Beitrag zur Erklärung des Römerbriefes. 60 Pf.

v. Hofmann, J. Ch. K., Die Offenbarung St. Johannis, nach den Vorlesungen für das Verständnis der Gemeinde bearbeitet von Pastor E. v. Lorentz. 3 Mk. 25 Pf., geb. 4 Mk.

Jaeger, Pfarrer und Strafanstaltsgeistlicher, Dr. Johannes, Zunahme der Verbrechen und Abhilfe. Ein Beitrag zur Lösung der sozialen Frage. ca. 8 Bog. gr. 8. 1 Mk. 80 Pf.

Kähler, Prof. D. **M.**, Jesus und das Alte Testament. Erläuterungen zu Thesen. 2. unveränderte Auflage. 1896. 1 Mk. 20 Pf.

— —, Die Wissenschaft der christlichen Lehre vom evangelischen Grundartikel aus im Abrisse dargestellt. 2. umgestaltete Aufl. 11 Mk., geb. 12 Mk. 75 Pf.

— —, Unser Streit um die Bibel. 2. unveränderte Auflage. 5¼ Bog. 1 Mk. 25 Pf.

— —, Der sogenannte historische Jesus und der geschichtliche, biblische Christus. 2. erw. u. erl. Auflage. 3 Mk. 25 Pf.

— —, Dogmatische Zeitfragen. Erstes Heft. 18 Bog. gr. 8. 5 Mk.

— —, Zur Lehre von der Versöhnung. 30 Bogen gr. 8. 8 Mk. 50 Pfg.

— —, Der lebendige Gott. Fragen und Antworten von Herz zu Herz. 2. verbesserte Auflage. 1897. 1 Mk. 20 Pf.

— —, Die Universitäten u. d. öffentliche Leben. 2 Mk. 40 Pf.

Klostermann, Prof. Dr. **A.**, Der Pentateuch. Abhandlungen zu seiner Entstehungsgeschichte. 8 Mk.

— —, Dr. **E.**, Analecta zur Septuaginta, Hexapla und Patristik. 3 Mk.

A. Deichert'sche Verlagsbuchhandlung Nachf. (Georg Böhme), Leipzig.

Oettingen, Prof. D. **Alex. v.,** Die christliche Sittenlehre. Deductive Entwicklung der Gesetze christlichen Heilslebens im Organismus der Menschheit. 12 Mk.

— —, Christliche Religionslehre auf reichsgeschichtl. Grundlage. Ein Handbuch für den höheren Schulunterricht. 6 Mk.

Plitt, Prof. D. **G. L.,** Einleitung in die Augustana. 1. Hälfte: Geschichte der evangel. Kirche bis zum Augsburger Reichstage. 6 Mk.; 2. Hälfte: Entstehungsgeschichte des evang. Lehrbegriffs. 5 Mk. 60 Pf.

— —, Die Apologie der Augustana geschichtlich erklärt. 4 M.

— —, Geschichte der evang.-luth. Mission. Nach den Vorträgen des † Verf. neu herausg. und bis auf die Gegenwart fortgeführt von Diakonus Hardeland. I. Hälfte. Ältere Missionsgeschichte. 3 Mk. 50 Pf. II. Hälfte. Neuere u. Judenmission. 5 Mk.

— —, Grundriss der Symbolik. 3. Aufl. herausgegeben von Prof. D. V. Schultze. 2 Mk. 40 Pf.

Rocholl, Kirchen-R. D., Geschichte der evangelischen Kirche in Deutschland. 38 Bogen. 1897. 8 Mk. 50 Pf., geb. 10 Mk.

Rüling, J., Die Grundlagen des christlichen Glaubens auf Grund von Frank's System der christlichen Gewifsheit. 1 Mk. 80 Pf.

Seeberg, Prof. D. **A.,** Der Tod Christi in seiner Bedeutung für die Erlösung. Eine bibl.-theolog. Untersuchung. 5 Mk. 50 Pf.

— —, Prof. D. **R.,** Der Begriff der christl. Kirche. I. Studien zur Geschichte des Begriffs der Kirche. 3 Mk.

— —, Lehrbuch der Dogmengeschichte. 1. Hälfte: Die Dogmengeschichte der alten Kirche. 5 Mk. 40 Pf. 2. Hälfte: Die Dogmengeschichte d. Mittelalters u. d. Neuzeit. $30^{1}/_{2}$ Bog. 8 Mk.

— —, Der Apologet Aristides. Der Text seiner uns erhaltenen Schriften nebst einleit. Untersuchungen über dieselben. 2 Mk.

Sellin, Dr. **E.,** Beiträge zur israelitischen und jüdischen Religionsgeschichte. Heft I. Jahwes Verhältnis zum israelitischen Volk und Individuum nach altisraelitischer Vorstellung. 4 Mk. — Heft II. Israels Güter und Ideale. 1. Hälfte. 6 Mk.

— —, Serubbabel. Ein Beitrag zur Geschichte der messianischen Erwartungen und der Entstehung des Judentums. ca. 18 Bog. gr. 8. ca. 5 Mk.

A. Deichert'sche Verlagsbuchhandlung Nachf. (Georg Böhme), Leipzig.

Steinmetz, Past. Lic. th. **R.**, Die zweite römische Gefangenschaft des Apostels Paulus. 16 Bogen. 3 M. 60 Pf.

Thomasius, Prof. **G.**, Christi Person und Werk. Darstellung der evang.-luther. Dogmatik vom Mittelpunkte der Christologie aus. 3. Aufl. bearb. von Lic. Winter. 2 Bde. 18 Mk., eleg. geb. 21 Mk.

— —, Die christliche Dogmengeschichte als Entwicklungsgeschichte des kirchl. Lehrbegriffs dargestellt. 2. Auflage. Nach des Verfassers Tod herausgegeben von Prof. D. Bonwetsch und Prof. D. Seeberg. 2 Bände in 3 Abt. 22 Mk., eleg. geb. 26 Mk.

Volck, Prof. D. **W.**, Heilige Schrift und Kritik. Ein Beitrag zur Lehre von der Heiligen Schrift, insonderheit des Alten Testamentes. 14 Bogen. 1897. 3 Mk. 25 Pf.

— —, Der Segen Mose's Deut. Kap. XXXIII untersucht und ausgelegt. 4 Mk.

Vollert, Oberlehrer **W.**, Die Lehre Gregors von Nyssa vom Guten und Bösen und von der schliesslichen Überwindung des Bösen. 1897. 4 Bog. 1 Mk. 50 Pf.

— —, Gedankengang des v. Frank'schen Systems der christlichen Wahrheit. 1 Mk. 60 Pf.

Vowinckel, Dr. **E.**, Geschichte und Dogmatik. Eine erkenntnistheoretische Untersuchung. $7^{1}/_{2}$ Bog. 1 Mk. 60 Pf.

Wiegand, Dr. **Fr.**, Eine Wanderung durch die römischen Katakomben. Mit 5 Abbildungen. 75 Pf.

Wohlenberg, Lic. **G.**, Die alttestamentlichen Propheten als Vorbild für uns Pastoren als Prediger. 1897. $2^{1}/_{2}$ Bogen. 60 Pf.

Zahn, Prof. D. **Th.**, Geschichte des neutestamentlichen Kanons. I. Bd.: Das Neue Testament vor Origenes. 1. und 2. Hälfte à 12 Mk. II. Band: Urkunden und Belege zum ersten und dritten Band. 1. Hälfte. 10 Mk. 50 Pf. 2. Hälfte. 1. Abt. 5 Mk. 70 Pf. 2. Hälfte. 2. Abt. 10 Mk. 50 Pf.

— —, Das apostolische Symbolum. Eine Skizze seiner Geschichte und eine Prüfung seines Inhalts. 2. Aufl. 1 Mk. 35 Pf.

— —, Einleitung in das Neue Testament. I. Bd. $31^{1}/_{2}$ Bog. gr. 8. 9 M. 50 Pf. II. (Schluss-) Band. ca. 36 Bog. Lex.-8. ca. 11 Mk.

— —, Skizzen aus dem Leben der alten Kirche. 2. Aufl. 5 Mk., eleg. geb. 6 Mk.